JN123207

TEST OF PRACTICAL JAPANESE

J.TEST

実用日本語検定問題集
〔D-Eレベル〕

2022

日本語検定協会 編

語文研究社

はじめに

　この『J. TEST　実用日本語検定　問題集[D-E　レベル]2022 年』には、2022 年の D-E レベル試験 6 回分を収めました。

　「J. TEST　実用日本語検定」の練習にご利用ください。

　「J. TEST　実用日本語検定」の概要は、巻末資料をご覧ください。また、最新の情報は下記 URL をご覧ください。

J. TEST 事務局本部　http://j-test.jp/

日本語検定協会／J. TEST 事務局

> ★　聴解問題の音声は、目次にあるＱＲコードから聴くことが
> できます。

目　次

はじめに

試験問題

正解とスクリプト

巻末資料

実用日本語検定

TEST OF PRACTICAL JAPANESE

J.TEST

受験番号		氏 名	

注　意

1　試験が始まるまで、この問題用紙を開けないでください。

2　この問題用紙は、全部で３４ページあります。

日本語検定協会／Ｊ．ＴＥＳＴ事務局

J.TEST

実用日本語検定

読<small>どっ</small>解<small>かい</small>試<small>し</small>験<small>けん</small>

1 文法・語彙問題

A　次の文の（　　　）に1・2・3・4の中から一番いい言葉を入れてください。

（1）　野菜は、体（　　　）いいです。
　　　　1　で　　　　　　　2　に　　　　　　　3　が　　　　　　　4　は

（2）　昨日退院した（　　　）ですから、今日はうちでゆっくりします。
　　　　1　ため　　　　　　2　ばかり　　　　　3　こと　　　　　4　ころ

（3）　私が（　　　）とおりにやってください。
　　　　1　言って　　　　　2　言い　　　　　　3　言わせて　　　4　言った

（4）　松本さんは、今晩、（　　　）かもしれません。
　　　　1　忙しい　　　　　2　忙し　　　　　　3　忙しく　　　　4　忙しくて

（5）　このシャツは、どこで買った（　　　）、覚えていません。
　　　　1　か　　　　　　　2　を　　　　　　　3　と　　　　　　　4　の

（6）　この小説は、イギリスで（　　　）らしいです。
　　　　1　有名な　　　　　2　有名で　　　　　3　有名　　　　　4　有名に

（7）　昨日、一晩中あかちゃんに（　　　）、全然寝られませんでした。
　　　　1　泣くと　　　　　2　泣かせて　　　　3　泣けば　　　　4　泣かれて

（8）　（　　　）とたんに、いすが壊れました。
　　　　1　座ろう　　　　　2　座った　　　　　3　座って　　　　4　座る

（9）　会社の社長（　　　）、社員は家族だけの小さい会社です。
　　　　1　といっても　　　2　として　　　　　3　といえば　　　4　とともに

（10）　このまま雨が降り続くと、電車が（　　　）。
　　　　1　止まったせいです　　　　　　　　　2　止まるものです
　　　　3　止まっている最中です　　　　　　4　止まるおそれがあります

B　次の文の（　　　）に1・2・3・4の中から一番いい言葉を入れてください。

(11)　机のひきだしの（　　　）に古い写真がありました。
　　　1　表　　　　　　2　ほし　　　　　　3　奥　　　　　　4　枝

(12)　この川は（　　　）ですから、気をつけてください。
　　　1　深い　　　　　2　苦い　　　　　　3　眠い　　　　　4　柔らかい

(13)　空港まで友達を（　　　）に行きました。
　　　1　伺い　　　　　2　参り　　　　　　3　迎え　　　　　4　逃げ

(14)　隣の部屋から（　　　）音が聞こえます。
　　　1　変な　　　　　2　不便な　　　　　3　適当な　　　　4　自由な

(15)　A：「あそこに人が（　　　）いますね。何かあったんですか」
　　　B：「さあ、わかりません」
　　　1　滑って　　　　2　触って　　　　　3　投げて　　　　4　集まって

(16)　はさみを使った人は、（　　　）元のところにしまってください。
　　　1　たしか　　　　2　きちんと　　　　3　しばらく　　　4　きっと

(17)　ときどき、としょかんを（　　　）しています。
　　　1　出張　　　　　2　利用　　　　　　3　返事　　　　　4　寝坊

(18)　のどが（　　　）なので、何か飲みものをください。
　　　1　ぺこぺこ　　　2　ぎりぎり　　　　3　のろのろ　　　4　からから

(19)　通勤（　　　）の時間は、電車にのりたくないです。
　　　1　ショック　　　2　ラッシュ　　　　3　ストレス　　　4　アップ

(20)　ビールは、冷蔵庫に入れて、（　　　）ましょう。
　　　1　ぬらし　　　　2　ゆずり　　　　　3　ひやし　　　　4　かぶせ

C 次の文の_____の意味に一番ちかいものを1・2・3・4の中から選んでください。

(21) 課長に本をいただきました。
    1 買いました   2 貸しました   3 あげました   4 もらいました

(22) 彼は、いつもねっしんに仕事をしています。
    1 1人だけで   2 ゆっくり   3 一生懸命に   4 静かに

(23) おどることが好きです。
    1 ユーモア   2 ダンス   3 オートバイ   4 クリスマス

(24) このくつは、脱ぎやすいです。
    1 やすくて、いいです   2 脱ぎたくないです
    3 やすくなっています   4 脱ぐのがかんたんです

(25) このどうぶつは、危険です。
    1 あぶない   2 かわいい   3 頭がいい   4 めずらしい

(26) たばこをやめることにしました。
    1 やめたことがあります   2 やめたいと思っていました
    3 やめることを決めました   4 やめたほうがいいです

(27) 先月、部長がなくなりました。
    1 死にました   2 入院しました
    3 転勤しました   4 結婚しました

(28) 大きな会社に入社することがいいことだとは限りません。
    1 はいいことに違いありません   2 はいいことだと思います
    3 がいいことだとは言いきれません   4 がいいことであるわけがありません

(29) 本田さんは、韓国語がペラペラです。
    1 があまり得意じゃありません   2 が上手に話せます
    3 の文字が読めます   4 が教えられます

(30) ジェーンさんは、だれと暮らしていますか。
    1 話して   2 働いて   3 生活して   4 出かけて

──── このページには問題はありません。 ────

2 読解問題

問題　1

次のメールを読んで、問題に答えてください。
答えは1・2・3・4の中から一番いいものを1つ選んでください。

＜ショーンさんが書いたメール＞

> 木原さん、明日の海岸でのごみ拾いですが、
> 何時にどこに行けばいいですか。

＜木原さんが書いたメール＞

> 朝9時に会社のちゅうしゃじょうですよ。

> わかりました。
> 雨が降っても、ありますか。

> もし、ひどい雨なら、中止です。
> その場合は、朝7時に会社からメールが来ます。

> わかりました。
> 掃除の道具は、必要ですか。

> いいえ。道具は、会社が用意してくれます。飲みものももらえますよ。明日は、たぶんさむいですから、ぼうしや手袋があるといいですよ。

(31) 明日の朝、晴れていたら、ショーンさんはまず、どうしますか。

    1　会社のちゅうしゃじょうに行きます。

    2　海岸に行きます。

    3　木原さんに連絡します。

    4　会社にメールをおくります。

(32) 明日、ショーンさんが持って行ったほうがいいものは、何ですか。

    1　かさです。

    2　掃除の道具です。

    3　飲みものです。

    4　ぼうしです。

問題　2

次の文章を読んで、問題に答えてください。
答えは1・2・3・4の中から一番いいものを1つ選んでください。

私は、フィリピンから日本に来ました。フィリピンは、一年中暑いですから、雪が降りません。今朝、初めて雪を見ました。白くて、とてもきれいでした。私は、うれしくなって、外へ出て、雪で「雪だるま」を作りました。雪が少なかったですから、小さかったです。写真を撮って、フィリピンの家族と友だちにメールでおくりました。今度は、もっと大きい「雪だるま」を作りたいです。

雪だるま

---

(33)　「私」について、文章の内容と合っているのは、どれですか。
1　家族と日本へ来ました。
2　国で雪を見たことがありませんでした。
3　友だちと「雪だるま」を作りました。
4　雪があまり好きじゃありません。

問題 3

次の文章を読んで、問題に答えてください。
答えは1・2・3・4の中から一番いいものを1つ選んでください。

　会社の食堂で昼休みに本を読んでいると、男の人が「その本、僕も好きです」と言って、私のとなりに座りました。見たことがある人でしたが、私は思い出せませんでした。それから、その人と好きな本や読みたい本について話しました。とても楽しい時間でした。昼休みが終わると、その人は「楽しかったですね。また話しましょう」と言って、食堂を出ていきました。そのあと、友人が来て、私に「今、社長と何を話してたの？」と聞きました。それで、私は男の人のことがわかりました。びっくりしましたが、また本について話したいと思いました。

---

(34)　「私」は、どうして「びっくりしました」か。

　　1　友人が男の人のことを知りませんでしたから
　　2　友人が有名な本のことを知りませんでしたから
　　3　話をした男の人が社長だとわかりましたから
　　4　話をした男の人が私の好きな本を書いた人でしたから

問題　4

次の文章を読んで、問題に答えてください。
答えは1・2・3・4の中から一番いいものを1つ選んでください。

4人に「日本で行きたい場所」について聞きました。

Aさん	Bさん
広島です。インターネットで海にある神社の写真を見ました。とてもきれいだったので、ぜひ見に行きたいです。それから、広島には、おいしい食べものが多いと聞いたので、いろいろ食べたいです。	沖縄です。私の趣味は、ダイビングです。きれいな海でいろいろな魚を見たいです。友達の話によると、沖縄には、小さな島がたくさんあって、海がとてもきれいだそうです。
Cさん	Dさん
行きたいところはいろいろありますが、いちばんは、東京です。渋谷で買い物したり、浅草でお寺を見たりしたいです。人がたくさんいるところは、好きではありませんが、一度、行ってみたいです。	京都です。日本の歴史に興味があるので、お寺がたくさんある京都が大好きです。私は、3年まえに京都の大学に留学しました。そのとき、行けなかったお寺があるので、また京都に行きたいと思っています。

---

(35)　「日本で行きたい場所」に行ったことがある人は、だれですか。
　　　1　Aさんです。
　　　2　Bさんです。
　　　3　Cさんです。
　　　4　Dさんです。

(36)　文章の内容と合っているのは、どれですか。
　　　1　Aさんは、広島で写真を撮りたいと言っています。
　　　2　Bさんは、沖縄に行く予定があります。
　　　3　Cさんは、にぎやかなところが苦手です。
　　　4　Dさんは、日本のお寺を見たことがありません。

問題　5

次のお知らせを読んで、問題に答えてください。
答えは1・2・3・4の中から一番いいものを1つ選んでください。

2022年1月11日

スマートフォン「ＲＧ-10」社内勉強会のお知らせ

　来月1日からオカダ電気駅前店でスマートフォン「ＲＧ-10」を売り始めます。勉強会では、「ＲＧ-10」の使い方や「ＲＧ-10」でできることについて、エンジニアの方から学びます。都合のいい日、どちらかに参加してください。申し込みは要りません。

記

日時　：①1月24日（月）10時〜12時
　　　　②1月25日（火）15時〜17時
場所　：オカダ電気本社2階　第1会議室
対象　：本社営業部社員、オカダ電気駅前店・スマートフォン売り場社員

＊資料と「ＲＧ-10」は、勉強会のときにお渡しします。
＊ご質問のある方は、総務部　岩田（内線015）にご連絡ください。

以上

---

(37)　このお知らせを読んだ営業部の社員は、どうしますか。
　1　岩田さんに参加する日を連絡をします。
　2　1月24日か1月25日に本社の会議室へ行きます。
　3　勉強会の資料を読んでおきます。
　4　2日間、オカダ電気駅前店で働きます。

(38)　お知らせの内容と合っているのは、どれですか。
　1　勉強会では、「ＲＧ-10」を使って、学びます。
　2　「ＲＧ-10」は、1月からオカダ電気駅前店で買うことができます。
　3　勉強会では、売り場の社員が「ＲＧ-10」の使い方を教えます。
　4　社員はみんな、「ＲＧ-10」を持っています。

問題　6

次のメールを読んで、問題に答えてください。
答えは１・２・３・４の中から一番いいものを１つ選んでください。

___

＜リサさんから木村さんへおくったメール＞

木村さん
お疲れ様です。
今、部長から明日の会議に出席できないと連絡がありました。熱があるので、今から病院へ行って、家へ帰るそうです。
部長に「会議は、来週にしてくれ」と言われました。
リサ

＜木村さんからリサさんへおくったメール＞

リサさん
お疲れ様です。わかりました。
私は約束があるので、これからＡＢＣ社へ行かなければなりません。すみませんが、出席予定だった人たちにこのことを連絡してください。会議の日については、部長に確認しておきます。
木村

木村さん
わかりました。
総務課に、明日、会議室を使わないということも連絡しておきますね。
リサ

___

(39) 木村さんは、今から何をしますか。

1 会議に出席します。

2 リサさんと会って、話します。

3 ＡＢＣ社へ向かいます。

4 会社に戻ります。

(40) リサさんについて、メールの内容と合っているのは、どれですか。

1 部長を病院へ連れて行くことになりました。

2 明日の会議が中止になったことを出席予定者に連絡します。

3 ＡＢＣ社に行く日を変更します。

4 木村さんに会議室の予約を頼まれました。

問題　7

次のメニューを読んで、問題に答えてください。
答えは1・2・3・4の中から一番いいものを1つ選んでください。

喫茶さくら　ランチメニュー

3つのおかずをご用意しています。
おかずを1つ選んで、セットをお選びください。

~　きょうのおかず　~

1. 野菜のてんぷら　2. とりのからあげ　3. 焼き魚

Aセット（みそ汁、ごはん）	800円
Bセット（スープ、ごはん）	850円
Cセット（スープ、パン）	850円

* ＋100円でコーヒーか紅茶がつきます。
* ＋150円でサラダがつきます。

---

(41)　井上さんは、肉や魚を食べたくありません。いちばん安いセットにしたいです。
　　　どのように注文しますか。
　　　　1　野菜のてんぷらとAセット
　　　　2　とりのからあげとAセット
　　　　3　野菜のてんぷらとBセット
　　　　4　焼き魚とBセット

(42)　ソンさんは、とりのからあげとパンとサラダが食べたいです。飲みものは要りません。
　　　いくら払いますか。
　　　　1　800円です。
　　　　2　850円です。
　　　　3　950円です。
　　　　4　1,000円です。

問題 8

次の文章を読んで、問題に答えてください。
答えは1・2・3・4の中から一番いいものを1つ選んでください。

「仕事ができる人」とは、どんな人でしょうか。コミュニケーションが上手な人、まじめに働く人…。もちろん、このような人も仕事ができる人と言えるでしょう。しかし、本当に「仕事ができる人」とは、私は「しっかり休むことができる人」なのだと思います。休むというと、サボるとか怠けるとか、わるいイメージを持たれがちです。しかし、仕事で成功した人に話を聞くと、夜はしっかり寝て、休日は趣味を楽しんだり、何もしない時間を持ったりしているという人が多いのです。彼らによると、頭と体を休め、それから仕事をすると、いろいろなアイデアが浮かび、質の高い仕事ができるのだそうです。「仕事ができる人」になりたければ、しっかり寝ること、仕事以外に趣味を持つことが大事です。休みの日は、同僚以外の友人や家族と過ごすと、完全に仕事から離れることができるのでおすすめです。また、1人になる時間を持つこともいいでしょう。そうすれば、仕事の質も上がるはずです。ぜひ、試してみてください。

---

(43) この文章によると、「仕事ができる人」がしていることは、何ですか。

1 よく寝ることです。
2 成功するイメージを持つことです。
3 休みの日にも働くことです。
4 家族に仕事について相談することです。

(44) この文章によると、仕事の質を上げるには、どうするのがいいですか。

1 仕事の休憩時間に何もしないのがいいです。
2 仕事から離れる時間を持つのがいいです。
3 仕事に役立つ趣味を持つのがいいです。
4 同僚とよくコミュニケーションを取るのがいいです。

問題　9

次の文章を読んで、問題に答えてください。
答えは1・2・3・4の中から一番いいものを1つ選んでください。

　小学校ではすでにパソコンを使った授業が始まり、近年、自分専用のパソコンを持っている小学生が増えています。このことは、電気店に子ども向けのパソコンがたくさん並んでいることからもわかります。私の友人は去年、12歳の息子さんにパソコンを買ったそうです。「自分から進んで勉強するようになった」という効果がある一方で、長時間パソコンを使うようになり、「睡眠時間が短くなった」「しなければならないことがあっても、なかなかパソコンの前から離れられない」などの影響もあるようです。このように小学生のパソコン使用には、いい点も問題点もあることがわかります。私の娘は今、10歳です。調べたいことがあると、私のパソコンを使いたがりますが、なるべく使わせません。私は、何でもパソコンに頼るのは、いいことだとは思わないからです。また、一度パソコンのおもしろさを知ってしまうと、友人の息子さんのようになってしまうのもしんぱいです。もちろん、私もパソコンの必要性は理解していますから、娘がもう少し大きくなったら買ってやろうと思っています。ですが、それまでにパソコンとのつき合い方について娘によく理解させ、ルールを作っておくことが必要だと思っています。

---

(45)　「いい点」とは、何ですか。
1　学校でパソコンを使った授業が始まったことです。
2　子ども向けのパソコンが増えていることです。
3　パソコンのおかげで、勉強しようという気持ちになることです。
4　学校の友だちとパソコンを通じて会えることです。

(46)　「私」は、自分の子どものパソコン使用について、どう考えていますか。
1　学校の授業で使うだけで十分だと思っています。
2　できるだけ早いうちから使わせたいと思っています。
3　これからも専用のパソコンを買ってやるつもりはありません。
4　専用のパソコンを使わせるまえに、使い方のルールを決めようと思っています。

3 漢字問題

A 次のひらがなの漢字をそれぞれ1・2・3・4の中から1つ選んでください。

(47) <u>おとうと</u>は、日本の会社で働いています。
1 妹　　　　2 弟　　　　3 姉　　　　4 兄

(48) <u>くろい</u>かばんを買いました。
1 黒い　　　2 青い　　　3 強い　　　4 悪い

(49) もっと速く<u>はしって</u>ください。
1 習って　　2 待って　　3 乗って　　4 走って

(50) 新しい<u>ふく</u>が欲しいです。
1 赤　　　　2 服　　　　3 光　　　　4 味

(51) 手紙を<u>おくって</u>ください。
1 歌って　　2 起って　　3 送って　　4 切って

(52) <u>くび</u>が痛いです。
1 首　　　　2 声　　　　3 顔　　　　4 風

(53) 田中さんは、どんな<u>けんきゅう</u>をしていますか。
1 計画　　　2 工場　　　3 研究　　　4 市民

(54) 新幹線が<u>とうちゃく</u>しました。
1 治療　　　2 貿易　　　3 両替　　　4 到着

(55) 部屋が<u>きたない</u>ですよ。
1 遅い　　　2 熱い　　　3 細い　　　4 汚い

(56) これは、お<u>さけ</u>ですか。
1 宿　　　　2 酒　　　　3 橋　　　　4 君

B　次の漢字の読み方を例のようにひらがなで書いてください。

・ひらがなは、<u>ただしく、ていねいに</u>書いてください。
・<u>漢字の読み方だけ</u>書いてください。

（例）　はやく<u>書</u>いてください。　「　」

（例）	か

---

(57)　どんな<u>映画</u>が<u>好</u>きですか。

(58)　<u>冬</u>になりました。

(59)　かわいい<u>犬</u>ですね。

(60)　この<u>旅館</u>に<u>泊</u>まりましょう。

(61)　<u>一緒</u>に<u>運動</u>しませんか。

(62)　<u>今日</u>は、<u>昨日</u>より<u>寒</u>いです。

(63)　<u>清水</u>さんからその話を聞いて、<u>安心</u>しました。

(64)　<u>星</u>がきれいですね。

(65)　この仕事は、私に<u>任</u>せてください。

(66)　これから、もっと<u>努力</u>します。

4 記述問題

A 例のように＿＿＿＿に合う言葉を入れて文をつくってください。

・文字は、**ただしく、ていねいに**書いてください。
・漢字で書くときは、**今の日本の漢字をただしく、ていねいに**書いてください。

（例）　きのう、＿＿＿＿＿＿＿でパンを＿＿＿＿＿＿。
　　　　　　　　　　（A）　　　　　　　　　　（B）

（例）	(A)	スーパー	(B)	買いました

---

(67)　（電話で）
　A：昨日、そちらの天気は、＿＿＿＿＿＿＿でしたか。
　　　　　　　　　　　　　　　　　（A）
　B：あまり＿＿＿＿＿＿＿です。少し雨が降りました。
　　　　　　　　（B）

(68)
　毎週金曜日は、仕事が＿＿＿＿＿＿＿てから、プールへ行って、＿＿＿＿＿＿＿います。
　　　　　　　　　　　　　（A）　　　　　　　　　　　　　　　　　　（B）

(69)
　A：見て。＿＿＿＿＿＿＿そうなケーキでしょう？　一緒に食べよう。
　　　　　　　　（A）
　B：本当だ。でも、今、おなかが＿＿＿＿＿＿＿だから、あとにするよ。
　　　　　　　　　　　　　　　　　（B）

(70)　（会社で）
　A：体の＿＿＿＿＿＿＿がわるかったら、帰ってもかまわないよ。
　　　　　　（A）
　B：大丈夫です。薬を＿＿＿＿＿＿＿ば、すぐ治ると思いますから。
　　　　　　　　　　　（B）

B　例のように3つの言葉を全部使って、会話や文章に合う文をつくってください。

・【　　　】の中の文だけ書いてください。
・1.→2.→3.の順に言葉を使ってください。
・言葉の＿＿の部分は、形を変えてもいいです。
・文字は、ただしく、ていねいに書いてください。
・漢字で書くときは、今の日本の漢字をただしく、ていねいに書いてください。

（例）

きのう、【　1.どこ　→　2.パン　→　3.買う】か。

| （例） | どこでパンを買いました |

---

(71)

机の上を【　1.もっと　→　2.きれい　→　3.する】ましょう。

(72)

毎朝【　1.公園　→　2.前　→　3.通る】、会社に行きます。

(73)

【　1.ぼうし　→　2.かぶる　→　3.まま】、部屋に入らないでください。

(74)　（会社で）

紺野：お客様のお弁当は、もう買ってありますか。

メイ：ええ、【　1.さっき　→　2.田中さん　→　3.買ってくる】もらいました。

—— このページには問題はありません。 ——

J.TEST

実用日本語検定

聴 解 試 験
（ちょう かい し けん）

1 写真問題 (問題1〜6)

例題

れい　● ② ③ ④　（答えは解答用紙にマークしてください）

A　問題1

B 　問題2

C 　問題3

D 　問題4

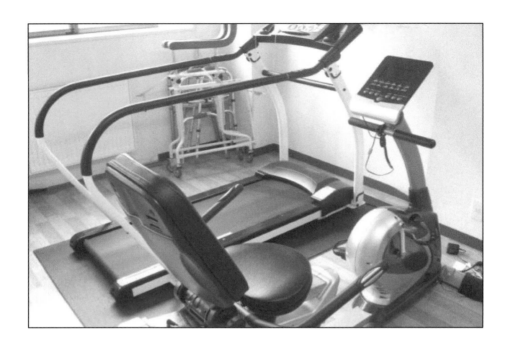

E 　問題5

F　問題6

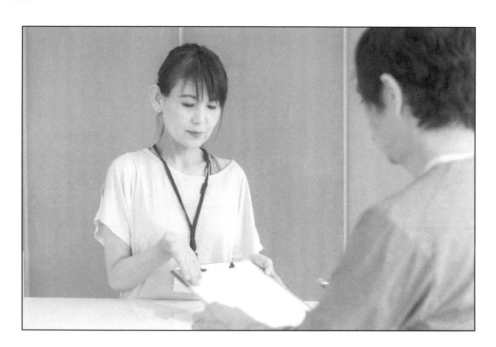

2 聴読解問題 (問題7～12)

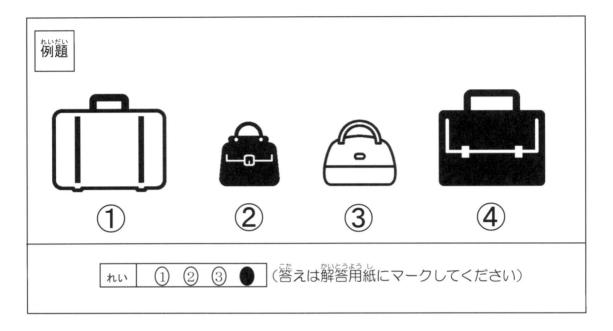

例題

① ② ③ ④

れい　① ② ③ ●　(答えは解答用紙にマークしてください)

G　問題7

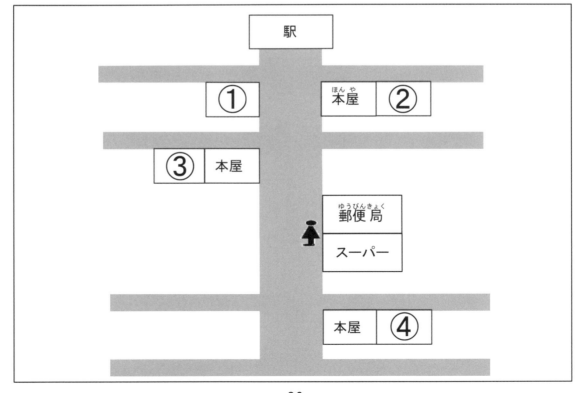

H　問題8

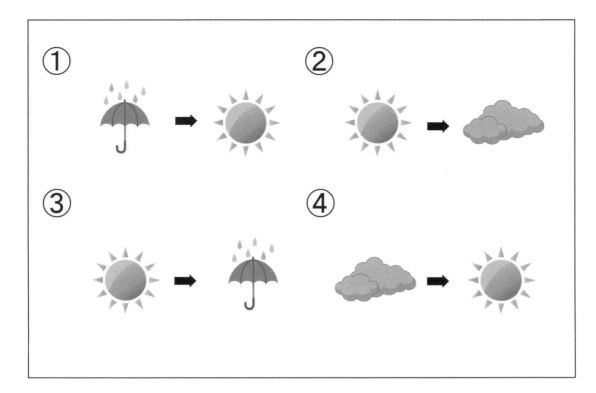

I　問題9

① 京都
きょうと

② りょうしんの家
いえ

③ 温泉
おんせん

④ 祖母の家
そぼ

J　<ruby>問題<rt>もんだい</rt></ruby>10

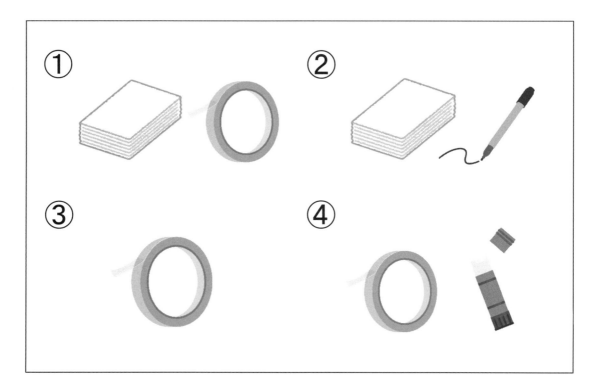

K　<ruby>問題<rt>もんだい</rt></ruby>11

肉じゃが　材料<ruby>ざいりょう</ruby>【２人分】

【調味料<ruby>ちょうみりょう</ruby>】

水　　２カップ

① さけ　大さじ１

② 砂糖<ruby>さとう</ruby>　大さじ２

③ しょうゆ　大さじ２

④ みりん　大さじ１

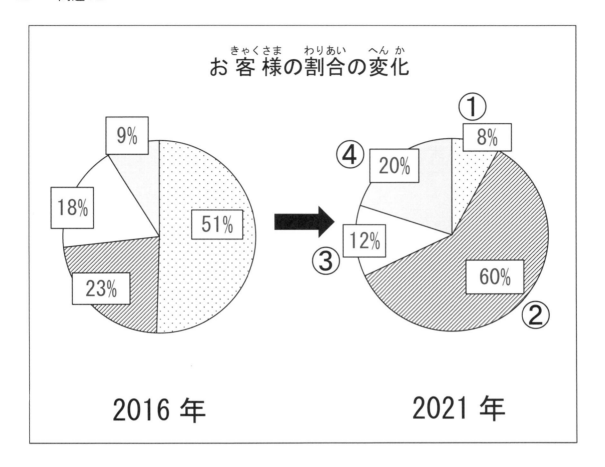

お客様の割合の変化

51%
9%
18%
23%
2016 年

① 8%
④ 20%
③ 12%
② 60%
2021 年

3 応答問題 (問題13〜28)

(問題だけ聞いて答えてください。)

例題1	→	れい1	● ② ③
例題2	→	れい2	① ● ③

(答えは解答用紙にマークしてください)

問題13

問題14

問題15

問題16

問題17

問題18

問題19

問題20

問題21

問題22

問題23

問題24

問題25

問題26

問題27

問題28

メモ (MEMO)

4 会話・説明問題 (問題29〜38)

例題	1 耳が痛いですから
	2 頭が痛いですから
	3 歯が痛いですから

| れい | ① ● ③ | （答えは解答用紙にマークしてください） |

1

問題29　1 資料をコピーします。
　　　　　2 課長に話しに行きます。
　　　　　3 出かけます。

問題30　1 課長に言われましたから
　　　　　2 コピーをする枚数が多いですから
　　　　　3 他の用事ができましたから

2

問題31　1 料理がおいしくないと言われましたから
　　　　　2 注文を聞くのに時間がかかりましたから
　　　　　3 注文を間違えましたから

問題32　1 アイスコーヒーです。
　　　　　2 スパゲティーです。
　　　　　3 カレーライスです。

3

問題33　1　買い物にかかる時間を短くする方法です。
　　　　2　無駄な買い物をしない方法です。
　　　　3　スーパーでいい商品を選ぶ方法です。

問題34　1　スーパーで毎月5,000円使っています。
　　　　2　食事のまえに、買い物に行くようにしています。
　　　　3　スーパーに行くとき、いつも買ったものを入れる袋を持って行きます。

4

問題35　1　自分の机を片づけます。
　　　　2　松田さんの名刺を探します。
　　　　3　仕事に戻ります。

問題36　1　女の人に褒められました。
　　　　2　女の人に注意されました。
　　　　3　女の人に仕事を頼まれました。

5

問題37　1　ホテルです。
　　　　2　遊園地のサービスカウンターです。
　　　　3　まだ決めていません。

問題38　1　サービスカウンターで「わくわくランド」のチケットを販売しています。
　　　　2　お金を払えば、預けた荷物を別のところで受け取れるサービスが受けられます。
　　　　3　客を空港まで1,000円でおくってくれるサービスがあります。

おわり

実用日本語検定

TEST OF PRACTICAL JAPANESE

J.TEST

受験番号		氏 名	

注 意

1 試験が始まるまで、この問題用紙を開けないでください。

2 この問題用紙は、全部で３４ページあります。

日本語検定協会／J.TEST事務局

J.TEST

実用日本語検定

読解試験

1 文法・語彙問題

A 次の文の（　　　）に1・2・3・4の中から一番いい言葉を入れてください。

（1）　この坂（　　　）登ると、私の高校があります。
　　　　1　に　　　　　　2　で　　　　　　3　と　　　　　　4　を

（2）　将来の（　　　）、お金をためています。
　　　　1　とおり　　　　2　ところ　　　　3　ために　　　　4　だから

（3）　これからも日本で（　　　）続けたいです。
　　　　1　働き　　　　　2　働いて　　　　3　働く　　　　　4　働こう

（4）　おとうとは、新しいおもちゃを（　　　）がっています。
　　　　1　欲しい　　　　2　欲し　　　　　3　欲しくて　　　4　欲しく

（5）　通勤に2時間（　　　）かかるんですか。大変ですね。
　　　　1　も　　　　　　2　に　　　　　　3　を　　　　　　4　の

（6）　子どもが（　　　）ので、今日は早く帰ります。
　　　　1　かぜ　　　　　2　かぜな　　　　3　かぜだ　　　　4　かぜに

（7）　昨日の晩、シャワーを（　　　）、寝ました。
　　　　1　浴びたくて　　2　浴びても　　　3　浴びれば　　　4　浴びずに

（8）　部長に（　　　）たびに、飲み会に誘われます。
　　　　1　会え　　　　　2　会おう　　　　3　会う　　　　　4　会って

（9）　今日から大型連休（　　　）、どの店も家族連れでいっぱいです。
　　　　1　ときたら　　　2　とあって　　　3　といえども　　4　ともなく

（10）　山本：「田中さんって、アメリカに住んでいたなら、英語ができるんでしょう？」
　　　　田中：「いいえ、住んでいたからといって、英語が（　　　）よ」
　　　　1　できるかどうかにかかっています　　2　できるに決まっています
　　　　3　できることになっています　　　　　4　できるとは限りません

B　次の文の（　　　）に１・２・３・４の中から一番いい言葉を入れてください。

(11) 荷物をたくさん運んだので、（　　　）が痛いです。
　　　1　腕　　　　　　　2　髪　　　　　　　3　ひげ　　　　　　4　のど

(12) 私の母は、（　　　）人です。
　　　1　あさい　　　　　2　きびしい　　　　3　みじかい　　　　4　にがい

(13) 庭に花を（　　　）ました。
　　　1　褒め　　　　　　2　捕まえ　　　　　3　乾き　　　　　　4　植え

(14) 早く（　　　）ばしょに逃げましょう。
　　　1　危険な　　　　　2　親切な　　　　　3　安全な　　　　　4　苦手な

(15) 日曜日、電車はとても（　　　）います。
　　　1　壊して　　　　　2　折れて　　　　　3　すいて　　　　　4　かんで

(16) 遠慮しないで、（　　　）意見を言ってください。
　　　1　わりあいに　　　2　どんどん　　　　3　やっと　　　　　4　もっとも

(17) 家にどろぼうに入られたので、（　　　）に電話しました。
　　　1　サラリーマン　　2　工場　　　　　　3　警察　　　　　　4　お金持ち

(18) 窓ガラスを拭いたら、（　　　）になりました。
　　　1　ぴかぴか　　　　2　ぱらぱら　　　　3　ぎりぎり　　　　4　ぺこぺこ

(19) 隣国との間に問題が生じ、経済発展に（　　　）がかかりました。
　　　1　ユーモア　　　　2　カバー　　　　　3　セット　　　　　4　ブレーキ

(20) A：「この魚は、（　　　）いますね」
　　　B：「ええ、捨てましょう」
　　　1　おぼれて　　　　2　酔って　　　　　3　迷って　　　　　4　腐って

C　次の文の＿＿＿＿の意味に一番ちかいものを１・２・３・４の中から選んでください。

(21)　主人は、エンジニアです。
　　　　1　僕　　　　　　　2　先輩　　　　　　3　夫　　　　　　4　妻

(22)　明日の会議には、必ずしゅっせきします。
　　　　1　なるべく　　　　2　ぜったいに　　　3　そのまま　　　4　たぶん

(23)　新しいスーツケースが要ります。
　　　　1　かばん　　　　　2　ふく　　　　　　3　カーテン　　　4　ふとん

(24)　このマンガは、おもしろそうです。
　　　　1　おもしろいと聞きました　　　　　　2　おもしろいだろうと思います
　　　　3　おもしろいかどうかわかりません　　4　おもしろかったです

(25)　その機械の説明書は、複雑です。
　　　　1　難しいです　　2　長いです　　　　3　汚いです　　　4　つまらないです

(26)　駐車場を使わせていただけませんか。
　　　　1　使ってください　　　　　　　　　　2　使わないでください
　　　　3　使っていますか　　　　　　　　　　4　使ってもいいですか

(27)　会社の食堂は、しまっています。
　　　　1　混んでいます　　　　　　　　　　　2　人がいません
　　　　3　人気です　　　　　　　　　　　　　4　開いていません

(28)　きんじょで工事をしているので、うるさくてたまりません。
　　　　1　うるさくても仕方ありません　　　　2　朝から晩までうるさいです
　　　　3　うるさくて我慢できません　　　　　4　うるさくて耳が痛くなりました

(29)　5月下旬に東京に出張します。
　　　　1　5月の終わりごろに　　　　　　　　2　5月の初めごろに
　　　　3　5月の真ん中ぐらいに　　　　　　　4　5月の初めから終わりまで

(30)　健太君は、利口な子です。
　　　　1　優しい　　　　2　正直な　　　　3　頭がいい　　　4　足が速い

──── このページには問題はありません。 ────

2 読解問題

問題　1

次のメールを読んで、問題に答えてください。
答えは１・２・３・４の中から一番いいものを１つ選んでください。

＜ヒエンさんが書いたメール＞

瀬川さん、今、どこですか。

＜瀬川さんが書いたメール＞

もうすぐ駅に着きます。
どうしたんですか。

すみません。30分くらい遅れますから、
先に美術館に行ってください。
家に忘れ物をしてしまって、これから取りに帰ります。

わかりました。
じゃ、美術館の中の喫茶店にいますね。
先にコーヒーでも飲んでから、絵を見ましょう。

本当にすみません！

大丈夫ですよ。
気をつけて来てくださいね。

(31) 瀬川さんは、これからまず、何をしますか。

    1 喫茶店でヒエンさんを待ちます。

    2 駅でヒエンさんに会います。

    3 家に帰ります。

    4 美術館の絵を見ます。

(32) ヒエンさんについて、メールの内容と合っているのは、どれですか。

    1 今、駅にいます。

    2 瀬川さんと会う時間を間違えました。

    3 瀬川さんと会うまえに、自分の家に戻ります。

    4 美術館のばしょがわかりません。

問題　2

次の文章を読んで、問題に答えてください。
答えは１・２・３・４の中から一番いいものを１つ選んでください。

　私は、よく行く店があります。この店は、家の近くにある小さな店です。品物も少なくて、値段もあまり安くないです。でも、かわいいねこがいます。私はねこに会いに行っています。店の人は、おばあさんです。店が忙しくないときは、おばあさんとよく話します。ときどき、おかしやジュースをくれます。私はあまり買い物しませんが、おばあさんは、いつも「また来てね」と言ってくれます。

---

(33)　「私」は、どうして「この店」へ行きますか。
　　　1　品物が多いからです。
　　　2　品物の値段が安いからです。
　　　3　ねこに会いたいからです。
　　　4　家の近くにあるからです。

問題　3

次の文章を読んで、問題に答えてください。
答えは１・２・３・４の中から一番いいものを１つ選んでください。

　私は、ホテルの受付で働いています。私の仕事は、ホテルに泊まるお客様のお手伝いをすることです。有名なばしょにどうやって行くか、おいしいレストランがどこにあるか、お客様の質問に答えます。ホテルには外国のお客様も来ます。外国のお客様が来たとき、私は英語で話します。いろいろな国の人と話すことができて、楽しいです。でも、中国語やスペイン語など、もっと他の外国語もできるようになりたいです。お客様の国の言葉で話したほうがお客様はうれしいと思いますから。

---

(34)　「私」は、これからどうしたいと言っていますか。
1　英語が上手に話せるようになりたいです。
2　いろいろな国の言葉が話せるようになりたいです。
3　外国の有名なばしょに行ってみたいです。
4　おいしいレストランをたくさん知りたいです。

問題　4

次の文章を読んで、問題に答えてください。
答えは1・2・3・4の中から一番いいものを1つ選んでください。

4人に「携帯電話」について聞きました。

Aさん	Bさん
子どもと連絡を取るのに必要ですね。高校生の娘の帰る時間が遅いとき、車でむかえに行くんです。中学生の息子にもそろそろ持たせるつもりです。	前は持っていましたが、いつでも電話がかかってくるのが嫌で、やめました。仕事でも必要ではないし、パソコンや家の電話があればそれで十分ですから。
Cさん	Dさん
会社の携帯電話は、休みの日でもお客様から電話がかかってくることがあるので、家に持って帰っています。自分のでは、だいたいゲームしています。携帯電話のない生活は考えられません。	家族とよくメールします。家族はみんな別々に住んでいます。それで、お互いに写真を送って、それぞれの生活のことを知らせます。会えなくても、携帯電話があるので、さびしくないです。

---

(35)　携帯電話を使わない人は、だれですか。
　　　1　Aさんです。
　　　2　Bさんです。
　　　3　Cさんです。
　　　4　Dさんです。

(36)　文章の内容と合っているのは、どれですか。
　　　1　Aさんは、家族全員、携帯電話を持っています。
　　　2　Bさんは、家に電話がありません。
　　　3　Cさんは、携帯電話はなくてもいいと思っています。
　　　4　Dさんは、家族と一緒に住んでいません。

問題　5

次のお知らせを読んで、問題に答えてください。
答えは１・２・３・４の中から一番いいものを１つ選んでください。

令和４年４月12日

社内運動会のお知らせ

お子さんも楽しめる内容をご用意しています。
どうぞご家族みなさんでご参加ください。

日時　：令和４年５月15日（日）13時〜16時
ばしょ：緑運動場

＊運動会の詳しい予定は、４月15日（金）にお知らせします。
＊参加される方は、４月22日（金）までに総務部の川村までメールでご連絡
　ください。
＊雨の場合は、中止となります。中止の場合は、５月15日の朝８時までに
　メールでご連絡いたします。
＊飲み物、タオルなどは、ご自分でご用意をお願いします。
＊参加しゃ全員にプレゼントをご用意しております。

---

(37)　運動会に参加したい場合、いつ、川村さんに連絡すればいいですか。
　　　1　４月15日です。
　　　2　４月21日です。
　　　3　４月12日から22日の間です。
　　　4　４月22日から５月15日の朝８時までです。

(38)　お知らせの内容と合っているのは、どれですか。
　　　1　社員の子どもは、運動会に参加することができません。
　　　2　雨の場合は、別の日に運動会を行います。
　　　3　飲み物は、会社が準備します。
　　　4　運動会に参加すると、プレゼントがもらえます。

問題　6

次のメールを読んで、問題に答えてください。
答えは１・２・３・４の中から一番いいものを１つ選んでください。

＜佐伯さんからリュウさんへ送ったメール＞

リュウさん
お疲れ様です。大阪出張に行くので、今、東京駅に来ています。実は、めがねが見つからないんです。すみませんが、会社の私の机の上にあるかどうか、見てもらえませんか。
佐伯

＜リュウさんから佐伯さんへ送ったメール＞

佐伯さん
お疲れ様です。佐伯さんの机の上にはありませんでしたが、会議室の机にくろいケースに入っためがねがありました。これですか。必要だったら、東京駅まで持って行きましょうか。
リュウ

リュウさん
ああ、よかった。それ、私のです。
電車の中で落としたかもしれないと心配していたんです。
あることがわかればいいので、すみませんが、私の机の上に置いておいてください。じゃ、行ってきます。
佐伯

---

(39) 佐伯さんは、どこにめがねを忘れましたか。
　　1　会議室です。
　　2　自分の机の上です。
　　3　電車の中です。
　　4　東京駅です。

(40) このメールのあと、佐伯さんは、どうしますか。
　　1　会社に戻ります。
　　2　大阪へ出張します。
　　3　新しいめがねを買います。
　　4　東京駅でリュウさんを待ちます。

問題　7

次のお知らせを読んで、問題に答えてください。
答えは１・２・３・４の中から一番いいものを１つ選んでください。

外国人留学生　アルバイト情報（3月7日〜13日）

	仕事の内容など	時給	時間
和食レストラン「ぎんなん」	お客様の注文を聞いたり、簡単なりょうりを作ったりします。人と話すのが好きな人、和食を作ってみたい人、大歓迎です。 ※週2日以上働ける方	900円	17：00〜22：00
コンビニ「にこにこマート」	レジの仕事、店の掃除、商品を並べるお仕事です。お客様と話すことが多いです。 ※週2日以上働ける方 ※土日に働ける方歓迎します。	950円	18：00〜22：00
宅配センター「ヨシダ運輸」	荷物を運んで、トラックに積むお仕事です。お客様と話すことはほとんどありません。 ※週2日以上働ける方 ※土日に働ける方歓迎します。	1,000円	8：00〜17：00
カラオケ「サウンドクラブ」	お客様を部屋に案内したり、飲み物の注文を聞いたりします。 ※週3日からOK （時間・曜日は相談してください）	1,300円	23：00〜朝6：00

---

(41) エイさんは、日本語があまり話せません。
客と日本語が上手に話せなくてもできる仕事がしたい場合、どれがいいですか。
1 和食レストランです。
2 コンビニです。
3 宅配センターです。
4 カラオケです。

(42) リンダさんは、できるだけ時給が高い仕事を探していますが、ひるは働けません。
土曜日と日曜日だけ働きたいと思っています。どれがいいですか。
1 和食レストランです。
2 コンビニです。
3 宅配センターです。
4 カラオケです。

問題　8

次の文章を読んで、問題に答えてください。
答えは1・2・3・4の中から一番いいものを1つ選んでください。

　家に一人でいたときのことです。突然、家がゆれ始めました。地震です。日本は、地震が多いと聞いていましたが、体験するのは初めてでした。なぜなら、私の国は、ほとんど地震が起きないからです。私は最初、何が起こったのか全然わかりませんでした。突然の出来事にびっくりして、体が動きませんでした。頭の上で電気がゆれて、本棚の本が落ちました。ほんとうに怖かったです。地震はまもなく終わりました。すぐに日本人の友だちが「地震でしたね。キャシーさん、大丈夫ですか」と電話をくれました。友だちの声を聞いたら、ほっとして泣いてしまいました。友だちは、次に地震が起きたときは、頭をけがしないように机の下に隠れたほうがいいとか、逃げやすいように部屋のドアを開けたほうがいいとか、いろいろ教えてくれました。友だちのおかげで、地震のときにどうしたらいいかわかりました。もし、今度地震があったら、友だちが言ったとおり、落ち着いて行動したいと思います。

---

(43)　初めて地震を体験したときの「私」について、文章の内容と合っているのは、どれですか。

　　1　怖くて何もできませんでした。
　　2　地震に気がつきませんでした。
　　3　落ちてきた本が頭にあたりました。
　　4　すぐに机の下に隠れました。

(44)　「私」は、今度地震が起きたらどうすると言っていますか。

　　1　大切なものを持って、逃げます。
　　2　友だちに連絡して、助けを求めます。
　　3　友だちの言葉を思い出して、慌てないで行動します。
　　4　国の家族に地震があったことを知らせます。

問題　9

次の文章を読んで、問題に答えてください。
答えは１・２・３・４の中から一番いいものを１つ選んでください。

今、写真は、デジタルカメラやスマートフォンで撮る人がほとんどだと思います。撮った写真をその場で確認して、撮り直すこともできますし、撮る枚数を気にする必要もありません。ちょっとしたメモ代わりに写真を撮るという人も多いでしょう。デジタルカメラやスマートフォンがなかった頃は、写真と言えばフィルムカメラでした。フィルムは、お店に出して、写真ができるのを待つ必要がありますし、写真が失敗していることもあります。それに、フィルム代もかかります。デジタルカメラやスマートフォンの登場により、その手軽さからフィルムカメラを使う人が減っていったのは、当然のことなのでしょう。しかし、最近、若い人たちの間でフィルムカメラの人気が高まっているそうです。デジタルカメラやスマートフォンで撮った写真は、はっきりきれいに写りますが、フィルムカメラで撮った写真には、優しい雰囲気を感じるそうで、これが人気のりゆうのようです。また、どんな写真が撮れているのかわからないのが楽しく、写真ができるのをわくわくしながら待っているとのことです。フィルムカメラは、ほんの一例ですが、このように古いものに興味を持つ若い人が増えているのです。上の年代の人にとっては「古く、懐かしいもの」も、若者にとっては「新しく、魅力があるもの」になるというのは、おもしろいですね。

(45)　文章によると、フィルムカメラが若い人に人気があるのは、どうしてですか。
　　　1　デジタルカメラやスマートフォンよりはっきり、きれいな写真が撮れますから
　　　2　デジタルカメラやスマートフォンで撮った写真にはない雰囲気がありますから
　　　3　デジタルカメラやスマートフォンのように手軽に楽しめるようになりましたから
　　　4　デジタルカメラやスマートフォンより失敗することが少ないですから

(46)　文章の内容と合っているのは、どれですか。
　　　1　新しいものは、いつも若い人から人気が出ます。
　　　2　新しいものが出ると、古いものはだれも使わなくなります。
　　　3　若い人は、古いものほど魅力があると思っています。
　　　4　古いものから新しい魅力を発見する若者が増えています。

3 漢字問題

A 次のひらがなの漢字をそれぞれ1・2・3・4の中から1つ選んでください。

(47) いもうとにくつをあげました。
1 弟　　　　2 姉　　　　3 兄　　　　4 妹

(48) 今日は、さむいですね。
1 黒い　　　2 寒い　　　3 暗い　　　4 強い

(49) あおいシャツがほしいです。
1 太い　　　2 短い　　　3 青い　　　4 悪い

(50) 娘は、となりのまちに住んでいます。
1 町　　　　2 服　　　　3 心　　　　4 門

(51) ピアノをならっています。
1 切って　　2 習って　　3 回って　　4 走って

(52) はるになりました。
1 春　　　　2 冬　　　　3 夏　　　　4 秋

(53) 毎日りょうりをしています。
1 産業　　　2 料理　　　3 研究　　　4 牛肉

(54) 今村さんは、けっせきです。
1 反対　　　2 留守　　　3 欠席　　　4 不満

(55) 新しい単語をおぼえます。
1 数え　　　2 消え　　　3 迎え　　　4 覚え

(56) 買ったものは、このふくろに入れてください。
1 袋　　　　2 氷　　　　3 涙　　　　4 油

B 次の漢字の読み方を例のようにひらがなで書いてください。

・ひらがなは、<u>ただしく、ていねいに</u>書いてください。
・<u>漢字の読み方だけ</u>書いてください。

（例）　はやく書いてください。　　　　（例）| か |

---

(57)　<u>地図</u>がありますか。

(58)　<u>昼</u>ごはんは、ラーメンがいいです。

(59)　すみませんが、<u>急</u>いでください。

(60)　<u>野菜</u>を買います。

(61)　母は、<u>医者</u>です。

(62)　この辞書は、<u>重</u>いです。

(63)　ここに<u>住所</u>を書いてください。

(64)　きれいなお<u>皿</u>ですね。

(65)　<u>押</u>さないでください。

(66)　いろいろな<u>種類</u>の鳥がいます。

4 記述問題

A 例のように＿＿＿＿に合う言葉を入れて文をつくってください。

> ・文字は、**ただしく、ていねいに**書いてください。
> ・漢字で書くときは、**今の日本の漢字**を**ただしく、ていねいに**書いてください。
>
> （例） きのう、＿＿＿＿＿＿＿でパンを＿＿＿＿＿＿＿。
> 　　　　　　　　　　（A）　　　　　　　　　　　（B）

（例）	（A）	スーパー	（B）	買いました

(67) （パーティーで）
リサ：すみません。児島部長は、＿＿＿＿＿＿＿人ですか。
　　　　　　　　　　　　　　　　　　　（A）
井上：あの背が高くて、ぼうしを＿＿＿＿＿＿＿人ですよ。
　　　　　　　　　　　　　　　　　（B）

(68)
A：部屋の中が＿＿＿＿＿＿＿ですから、明るくしませんか。
　　　　　　　（A）
B：そうですね。じゃ、電気を＿＿＿＿＿＿＿ましょう。
　　　　　　　　　　　　　　（B）

(69) （Bさんの家で）
A：わあ、棚の上にすてきな花がかざって＿＿＿＿＿＿＿ね。どうしたんですか。
　　　　　　　　　　　　　　　　　　　　　　（A）
B：結婚のお祝いに友だちから＿＿＿＿＿＿＿んです。
　　　　　　　　　　　　　　　（B）

(70) （会社のロビーで）
係：お茶をお＿＿＿＿＿＿＿しますので、こちらで少々お＿＿＿＿＿＿＿ください。
　　　　　　（A）　　　　　　　　　　　　　　　　　（B）
客：ありがとうございます。

B　例のように３つの言葉を全部使って、会話や文章に合う文をつくってください。

・【　　】の中の文だけ書いてください。
・1.→2.→3.の順に言葉を使ってください。
・言葉の＿＿の部分は、形を変えてもいいです。
・文字は、ただしく、ていねいに書いてください。
・漢字で書くときは、今の日本の漢字をただしく、ていねいに書いてください。

（例）

きのう、【　1.　どこ　　→　　2.　パン　　→　　3.　買う　】か。

（例）　　　　　　　どこでパンを買いました

（71）

A：何か手伝いましょうか。

B：じゃ、その【　1.　ナイフ　→　2.　りんご　→　3.　きる　】ください。

（72）

クラスで【　1.　サッカー　→　2.　いちばん　→　3.　上手　】人は、吉田さんです。

（73）　（会社で）

原田：すみません。会議室のかぎ、どこですか。

川崎：さっきカルロスさんが使っていましたから、

　　　　【　1.　彼　→　2.　知る　→　3.　はず　】ですよ。

（74）

【　1.　ごはん　→　2.　食べる　→　3.　すぎる　】、おなかが痛くなりました。

――――― このページには問題<ruby>問題<rt>もんだい</rt></ruby>はありません。―――――

J.TEST

実用日本語検定

聴解試験

1 写真問題 (問題1〜6)

| れい | ● ② ③ ④ | （答えは解答用紙にマークしてください） |

A　問題1

B　問題2

C　問題3

D 　問題4

E 　問題5

F　問題6

2 聴読解問題 (問題7〜12)

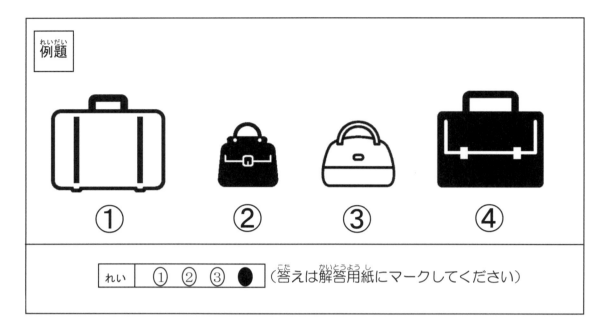

例題

① ② ③ ④

れい　① ② ③ ● （答えは解答用紙にマークしてください）

G　問題7

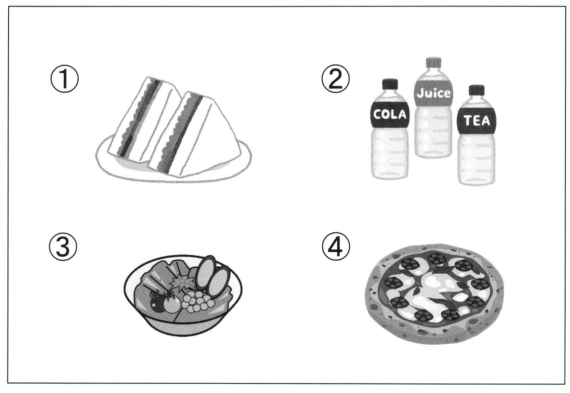

① ② ③ ④

H　問題8

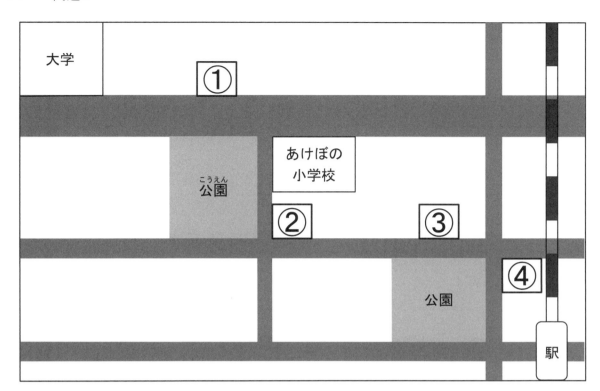

I　問題9

①	1枚
②	2枚
③	3枚
④	4枚

J　問題10

	月	火	水	木	金
	15	16	17 ①	18 ②	19 ③
	22	23	24	25	26 ④

K　問題11

飼っている動物

1位	①
2位	②
3位	③
4位	うさぎ
5位	④

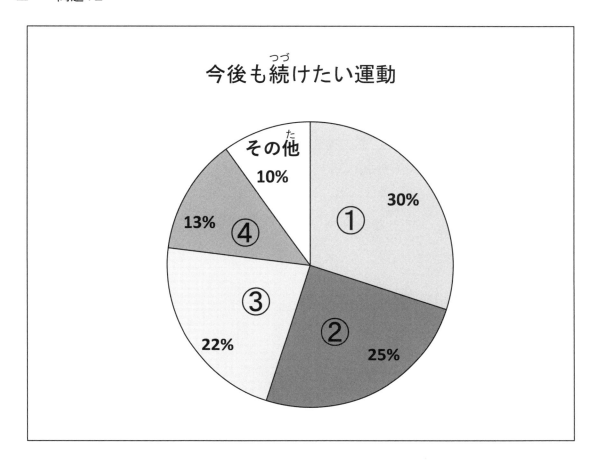

今後も続けたい運動

3 応答問題 （問題13〜28）

(問題だけ聞いて答えてください。)

例題1	→	れい1	●	②	③
例題2	→	れい2	①	●	③

（答えは解答用紙にマークしてください）

問題13

問題14

問題15

問題16

問題17

問題18

問題19

問題20

問題21

問題22

問題23

問題24

問題25

問題26

問題27

問題28

メモ（MEMO）

4 会話・説明問題 （問題29〜38）

例題	1 耳が痛いですから
	2 頭が痛いですから
	3 歯が痛いですから

れい　①　●　③　　（答えは解答用紙にマークしてください）

1

問題29　1　机の引き出しを片付けました。
　　　　2　時計の電池を替えました。
　　　　3　会議をしました。

問題30　1　時計をしゅうりします。
　　　　2　原田さんに時計のことを話します。
　　　　3　新しい時計を買います。

2

問題31　1　暖かかったです。
　　　　2　雨が降りました。
　　　　3　風がつよかったです。

問題32　1　出かけないで、家にいたほうがいいです。
　　　　2　ひるまはコートを着ていると、暑いと感じるかもしれません。
　　　　3　出かけるときは、暖かくしたほうがいいです。

3

問題33 1 上着のポケットです。
 2 玄関です。
 3 かばんの中です。

問題34 1 大学です。
 2 自転車の店です。
 3 アルバイトをしている店です。

4

問題35 1 坂上さんのところへ行きます。
 2 しりょうをコピーします。
 3 会議室を予約します。

問題36 1 しりょうだけです。
 2 しりょうと温かいお茶です。
 3 しりょうとペットボトルのお茶です。

5

問題37 1 手で食べることです。
 2 醤油をつけないで食べることです。
 3 ネタを下にして食べることです。

問題38 1 男の人は、寿司屋での食事マナーに自信がありません。
 2 女の人は、男の人と一緒に食事会に参加します。
 3 男の人は、店で寿司を食べたことがありません。

おわり

実用日本語検定

TEST OF PRACTICAL JAPANESE

J.TEST

受験番号		氏 名	

注　意

1　試験が始まるまで、この問題用紙を開けないでください。

2　この問題用紙は、全部で３４ページあります。

日本語検定協会／J.TEST事務局

J.TEST

実用日本語検定

読解試験

1 文法・語彙問題

A 次の文の（　　　）に1・2・3・4の中から一番いい言葉を入れてください。

（1）　電車が遅れましたが、会議（　　　）間に合いました。
　　　　1　に　　　　　　2　で　　　　　　3　が　　　　　　4　を

（2）　森さんは、カナダに留学していましたから、英語が得意な（　　　）ですよ。
　　　　1　ばかり　　　　2　そう　　　　　3　はず　　　　　4　ところ

（3）　このくつは、（　　　）やすいです。
　　　　1　歩く　　　　　2　歩き　　　　　3　歩け　　　　　4　歩か

（4）　新しい部長は、（　　　）そうな人ですね。
　　　　1　優し　　　　　2　優しい　　　　3　優しく　　　　4　優しくて

（5）　病気の祖母（　　　）代わりに、買いものに行きました。
　　　　1　や　　　　　　2　へ　　　　　　3　に　　　　　　4　の

（6）　お酒が（　　　）なら、飲まなくてもいいですよ。
　　　　1　苦手に　　　　2　苦手で　　　　3　苦手　　　　　4　苦手だ

（7）　その仕事が（　　　）、少し休んでください。
　　　　1　終わるとき　　2　終わって　　　3　終わると　　　4　終わったら

（8）　（　　　）につれ、服をたくさん着るようになります。
　　　　1　寒くなる　　　2　寒かった　　　3　寒そう　　　　4　寒い

（9）　今年（　　　）貯金を増やしたいです。
　　　　1　とか　　　　　2　こそ　　　　　3　ほど　　　　　4　さえ

（10）　上田：「シルビアさん、社長に頼まれた仕事を断ったんだって」
　　　　山崎：「へえ。そんなことができるのは、（　　　）よ」
　　　　1　彼女かどうかにかかっている　　　2　彼女であるかのようだ
　　　　3　彼女くらいのものだ　　　　　　　4　彼女のおかげだ

B　次の文の（　　　）に１・２・３・４の中から一番いい言葉を入れてください。

(11)　初めて会った人に（　　　）を渡しました。
　　　　1　名刺　　　　　　2　地震　　　　　　3　乾杯　　　　　4　原因

(12)　今朝は4時に起きたので、今、とても（　　　）です。
　　　　1　苦い　　　　　　2　眠い　　　　　　3　怖い　　　　　4　寂しい

(13)　どこかで財布を（　　　）しまいました。
　　　　1　降りて　　　　　2　割って　　　　　3　落として　　　4　濡れて

(14)　時間を（　　　）してはいけませんよ。
　　　　1　無駄に　　　　　2　ねっしんに　　　3　複雑に　　　　4　特別に

(15)　結婚式に会社の人たちを（　　　）ました。
　　　　1　取り替え　　　　2　反対し　　　　　3　祈り　　　　　4　招待し

(16)　レポートは、3日（　　　）に出してください。
　　　　1　途中　　　　　　2　最初　　　　　　3　以内　　　　　4　以下

(17)　外国に行くので、（　　　）を新しくしなければなりません。
　　　　1　テキスト　　　　2　パスポート　　　3　ストップ　　　4　クリスマス

(18)　20年間乗っていた車が（　　　）壊れてしまいました。
　　　　1　きっと　　　　　2　たまに　　　　　3　とうとう　　　4　わざと

(19)　弁護士の（　　　）を取りたいです。
　　　　1　権利　　　　　　2　資格　　　　　　3　理想　　　　　4　知識

(20)　まだ使えるのに捨てるなんて、（　　　）ですよ。
　　　　1　険しい　　　　　2　しつこい　　　　3　すっぱい　　　4　もったいない

C 次の文の＿＿＿＿の意味に一番ちかいものを１・２・３・４の中から選んでください。

(21) この会社のルールを知っていますか。
1 社長 2 製品 3 規則 4 歴史

(22) 展覧会の準備は、だいたい終わりました。
1 すぐに 2 すっかり 3 やっと 4 ほとんど

(23) 調子が悪いです。
1 具合 2 天気 3 都合 4 サービス

(24) ここでたばこを吸うな。
1 吸ってください 2 吸ってはいけません
3 吸ってもいいです 4 吸うことができます

(25) 私の弟は、独身です。
1 一人で住んでいます 2 結婚していません
3 息子がいます 4 健康です

(26) 速く走れるように、一生懸命練習しています。
1 走るために 2 走れたことがないので
3 走れないので 4 走れるのに

(27) 車に気をつけてください。
1 注意して 2 戻って 3 乗って 4 もって行って

(28) 物価が上がる一方ですね。
1 全然上がりません 2 上がることになりました
3 上がるらしいです 4 ずっと上がり続けています

(29) あのレストラン、がらがらでしたよ。
1 値段が安かったです 2 おいしかったです
3 すいていました 4 お客さんが多かったです

(30) 岩田さんは、おとなしい人です。
1 意地悪な 2 静かな 3 まじめな 4 すてきな

このページには問題はありません。

2 読解問題

問題　1

次のメールを読んで、問題に答えてください。
答えは１・２・３・４の中から一番いいものを１つ選んでください。

＜高田さんが書いたメール＞

明日の夜、飲みに行くんですが、
エリーさんも来ませんか。

＜エリーさんが書いたメール＞

ええ、行きたいです。
お店は、どこですか。

駅の南口にできた「ビッグ」というお店です。
今週は、ビールが１杯200円なんです。
おととい恋人と行きましたが、料理もおいし
かったですよ。

わあ、いいですね。
他にだれが行きますか。

林さんとユンさんです。
松本さんも遅れて参加します。
じゃ、５時半に駅の南口で会いましょう。

わかりました。
みんな、ビールが好きな人ですね。
楽しみにしています。

(31) 明日「ビッグ」に行くのは、全部で何人ですか。

    1   2人です。

    2   3人です。

    3   4人です。

    4   5人です。

(32) メールの内容と合っているのは、どれですか。

    1   エリーさんは、「ビッグ」の料理が好きです。

    2   高田さんは、「ビッグ」へ行ったことがあります。

    3   林さんは、ユンさんの恋人です。

    4   松本さんは、ビールが飲めません。

問題　2

次の文章を読んで、問題に答えてください。
答えは1・2・3・4の中から一番いいものを1つ選んでください。

昨日、友だちの山口さんが私の家に来ました。私たちは「アキラ」という歌手が好きです。「アキラ」のCDを聞きながら、いろいろな話をしました。とても楽しかったです。来月、山口さんは「アキラ」のコンサートに行きますが、私は行けません。アメリカへ出張しなければなりませんから。とても残念です。来年のコンサートは、山口さんと一緒に行きたいです。

---

(33)　「私」は、どうして来月コンサートに行きませんか。

1　外国へ旅行に行きますから
2　仕事で外国へ行かなければなりませんから
3　コンサートがあまり好きじゃありませんから
4　友だちと約束がありますから

問題　3

次の文章を読んで、問題に答えてください。
答えは1・2・3・4の中から一番いいものを1つ選んでください。

　私が初めてコンビニのアルバイトに行ったときのことです。アルバイトは、夜7時からでした。私は、大きなこえで「こんばんは」とあいさつしました。でも、みんなは「おはようございます」と言ったのです。私が困っていると、先輩が「仕事に来たときのあいさつは、朝でも昼でも夜でも『おはようございます』を使うんだよ」と教えてくれました。私は、おもしろい習慣だなあと思いました。来週、新しいアルバイトが来ます。私は、このことを教えてあげるつもりです。

---

(34)　「このこと」とは、どんなことですか。

1　アルバイトの先輩が間違った日本語を話していたことです。

2　あいさつは、大きなこえでしなければならないということです。

3　朝ではなくても、「おはようございます」とあいさつすることです。

4　コンビニにおもしろい客が来ることです。

問題　4

次の文章を読んで、問題に答えてください。
答えは1・2・3・4の中から一番いいものを1つ選んでください。

日本に住む留学生4人に「スポーツ」について聞きました。

Aさん	Bさん
サッカーが好きで、よくテレビやインターネットで試合を見ます。最近学校のサッカーチームに入りました。新しい友だちもできたし、体を動かすのはきもちがいいし、入ってよかったです。	最近、柔道を習い始めました。日本のスポーツに興味があるんです。オリンピックの試合を見ましたが、かっこよかったです。まだまだ下手ですが、練習は楽しいです。
Cさん	Dさん
高校生のとき、テニスをしていました。でも、日本に来てからは、勉強やアルバイトで忙しいですから、全然していません。テニスをしている人を見ると、またしたくなります。	私は、自分ではしませんが、野球が好きです。私の国は野球が盛んで、野球が好きな人が多いです。国でも日本でもテレビで試合を見ていますが、一度、野球場に行って、試合を見てみたいです。

---

(35)　スポーツをする時間がないのは、だれですか。
　　　1　Aさんです。
　　　2　Bさんです。
　　　3　Cさんです。
　　　4　Dさんです。

(36)　文章の内容と合っているのは、どれですか。
　　　1　Aさんは、インターネットでサッカーのゲームをしています。
　　　2　Bさんは、国で柔道を習っていました。
　　　3　Cさんは、テニスをしていましたが、あまり好きではありません。
　　　4　Dさんは、まだ野球場で野球を見たことがありません。

問題　5

次のお知らせを読んで、問題に答えてください。
答えは1・2・3・4の中から一番いいものを1つ選んでください。

5月　キッチンカー　出店案内

3月に人気のあったキッチンカーがまたやってきます！
いい季節になりました。青い空の下でご飯を食べませんか。

毎週月曜日：牛丼　　　毎週水曜日：カレー　　　毎週金曜日：ハンバーガー

場所：本社ビル　駐車場
時間：11：30〜13：00

キッチンカーが来る日は、駐車場にいすとテーブルを用意します。
誰でもご利用いただけます。＊雨の場合はありません。

＜ご注意＞
キッチンカーが来る日は、駐車場が使えません。
キッチンカーでは、現金を使うことができません。
キッチンカーでは、飲みものをうりません。お水の用意もありません。
キッチンカーが来る日は、社員食堂（本社ビル8階）はお休みになります。

---

(37)　キッチンカーについて、お知らせの内容と合っているのは、どれですか。
　　1　この会社にキッチンカーが来るのは、初めてです。
　　2　5月中は、毎日キッチンカーが来ます。
　　3　キッチンカーの料理は、無料で食べられます。
　　4　キッチンカーでうる料理は、曜日によって違います。

(38)　お知らせの内容と合っているのは、どれですか。
　　1　5月中は、駐車場に車をとめることができません。
　　2　いすとテーブルは、キッチンカーを利用した人以外も使えます。
　　3　キッチンカーで料理を買った人は、水がもらえます。
　　4　キッチンカーの料理は、社員食堂でも食べられます。

問題　6

次のメールを読んで、問題に答えてください。
答えは1・2・3・4の中から一番いいものを1つ選んでください。

件名：【お願い】会社のホームページについて

福岡支店　宮本さん

お疲れ様です。本社総務課の脇田です。

会社のホームページに「先輩社員から一言」というページを作ることに
なりました。これから会社に入る人に会社のことを紹介するためで、
今、いろいろな社員にメッセージを書いてほしいとお願いしています。
福岡支店からは、入社1年目の宮本さんにお願いしたいと考えていま
す。仕事で楽しかったこと、大変だったことなど、なんでも構いませ
ん。300字程度のメッセージを私にメールで送ってもらえませんか。
ご協力、どうぞよろしくお願いいたします。

本社　総務課　脇田

---

(39)　宮本さんは、メールを読んだあと、どうしますか。
1　会社のホームページを作ります。
2　メッセージを書いて、脇田さんに送ります。
3　先輩社員に会って、話を聞きます。
4　会社について新しい社員に話します。

(40)　メールの内容と合っているのは、どれですか。
1　メッセージを書く社員は、一人ではありません。
2　ホームページでは、新しい社員が紹介されます。
3　宮本さんは、脇田さんの先輩です。
4　脇田さんは、福岡支店の仕事を手伝っています。

── このページには問題はありません。──

問題　7

次のお知らせを読んで、問題に答えてください。
答えは1・2・3・4の中から一番いいものを1つ選んでください。

日本文化を楽しもう！

花山市文化センターで日本文化体験イベントを行います。
皆さんのご参加、おまちしています。

イベント	日時	場所	料金
① 茶道 畳の部屋で日本のお茶を飲んでみましょう。	6月4日（土） 10:00～11:30	2階 202	300円
② 折り紙 折り紙で動物や花などを作ってみましょう。	6月12日（日） 11:00～12:00	2階 201	100円
③ 日本の音楽 日本の楽器（琴）で、「さくら」という曲を弾いてみましょう。	6月18日（土） 15:30～17:00	1階 102	無料
④ きもの 自分で「ゆかた（夏のきもの）」を着て、写真を撮りましょう。	6月19日（日） 13:00～14:30	1階 105	無料
⑤ 日本の踊り 日本の伝統的な踊りを踊ってみましょう。	6月19日（日） 14:30～16:00	1階 103	無料
⑥ 華道 日本の「生け花」を楽しみましょう。	6月25日（土） 15:00～17:30	2階 205	550円

※ <u>1週間前まで</u>にセンター1階の受付で申し込んでください。

※お金がかかる場合は、申し込みのときに払ってください。

（41）　マリさんは、6月15日（水）にこのお知らせを見ました。マリさんは、毎週日曜日、アルバイトがあります。マリさんが選べるのは、どれですか。

1　「日本の音楽」

2　「日本の音楽」と「華道」

3　「きもの」と「日本の踊り」

4　「華道」

（42）　リーさんとアルさんは二人でいっしょに参加したいです。アルさんは、日曜日の午前、いつも忙しいです。リーさんは、ダンスと音楽に興味がありません。二人は、できるだけお金を使いたくありません。二人に一番合うのは、どれですか。

1　「茶道」

2　「折り紙」

3　「きもの」

4　「日本の踊り」

問題 8

次の文章を読んで、問題に答えてください。
答えは1・2・3・4の中から一番いいものを1つ選んでください。

　みなさんは、「クールビズ」という言葉を聞いたことがありますか。「クールビズ」とは、気温が上がる時期に涼しい服装で働くことによって、しつないの冷房の電力消費をできるだけ減らし、地球温暖化を防ごうという取り組みのことです。「クールビズ」の期間は、6月から9月までとされていますが、判断はそれぞれの職場に任されています。上着を脱ぎ、ネクタイを外すだけで、立派な「クールビズ」の服装になります。さらに暑い日には、長袖のワイシャツを半袖にするのもいいでしょう。実は、このように冷房に頼らず、気温に合った服装をすることは、健康のためにも大切だそうです。外としつないの温度差が大きければ大きいほど、体調が悪くなりやすいそうです。また、冷房の「冷え」に慣れてしまい、汗をかかなくなることも体に良くないそうです。そうはいっても、勤務中、涼しければ何を着てもいいというわけではありません。袖がない服や半ズボン、サンダルなどはカジュアルすぎると考える職場が多いようですから、服装選びには気をつけましょう。

---

(43)　この文章によると、暑い時期、職場ではどんな服装がいいと言っていますか。
1　長袖のゆるい服です。
2　みじかいズボンです。
3　袖のみじかいワイシャツです。
4　涼しく見えるカジュアルな服です。

(44)　文章の内容と合っているのは、どれですか。
1　「クールビズ」は、政府が決めたとおりの期間で行わなければなりません。
2　「クールビズ」の取り組みによって、消費される電力量は減っています。
3　汗をかきにくい人は、夏でも涼しい服装をしないほうがいいです。
4　健康のためには、外の気温と部屋の中の気温の差は小さいほうがいいです。

問題　9

次の文章を読んで、問題に答えてください。
答えは1・2・3・4の中から一番いいものを1つ選んでください。

　　昔から「親の心、子知らず」、「親になって初めて親のありがたさがわかる」などと言われています。確かにそのとおりだと思います。先日、娘に「お母さんなんて、大嫌い。私のこと、何もわかってないくせに」と言われてしまいました。私は、いつも娘のことを思って、大切に育ててきたつもりです。ですから、そのときはとてもショックで、「この子は親のきもちなど、何もわからないんだな」と、本当に悲しくなりました。でも、よく考えてみると、「子の心、親知らず」ということもあるのではないかと思いました。私自身、子どもの頃、「どうして親は私のことをわかってくれないんだろう。私の話を聞いてくれないんだろう」と思っていたことを思い出したのです。親になった私は、知らず知らずのうちに、娘の話を聞かずに「これをしたほうがいい」「これはしないほうがいい」と私が決めていたような気がします。私が産んだからといって、娘は「もう一人の私」ではありません。私とは違う、一人の人間であることを忘れていたように思い、娘に謝りました。そして、これからはもっと娘の話を聞くと約束しました。それ以来、娘とはお互いに以前よりわかり合えるようになれたと思います。

(45)　「私」が思う「子の心、親知らず」とは、どういうことですか。
　　1　子どもは、親のきもちを考えないということです。
　　2　親が知らないうちに、子どものきもちは変わるということです。
　　3　親が子どものきもちをわかっていないということです。
　　4　子どものきもちを大切にしない親はいないということです。

(46)　「私」の考えに合っているのは、どれですか。
　　1　子どもが小さいうちは、親が決めたことをやらせたほうがいいです。
　　2　子どものことを理解するには、子どもの話をちゃんと聞く必要があります。
　　3　親は、子どもが考えていることがわからなくても仕方がありません。
　　4　親の考えをよく伝えていれば、子どもは素直に育ちます。

3 漢字問題

A 次のひらがなの漢字をそれぞれ1・2・3・4の中から1つ選んでください。

(47) 木の上にきれいなとりがいます。
    1 肉   2 牛   3 鳥   4 薬

(48) 私の父は、背がひくいです。
    1 低い   2 短い   3 赤い   4 軽い

(49) どこかとおいところへ行きたいです。
    1 遠い   2 重い   3 弱い   4 太い

(50) ハインさんは、うたが上手です。
    1 声   2 歌   3 図   4 研

(51) ここでまっていてください。
    1 持って   2 洗って   3 売って   4 待って

(52) タクシーだいを払います。
    1 首   2 村   3 代   4 池

(53) ここは、事務所です。きょうしつは、2階です。
    1 安心   2 教室   3 産業   4 映画

(54) 昨日のテストは、とてもかんたんでした。
    1 指示   2 貿易   3 簡単   4 機械

(55) みなさん、写真を撮りますから、わらってください。
    1 疑って   2 登って   3 守って   4 笑って

(56) 新しいお皿を3まい買いました。
    1 枚   2 米   3 種   4 束

B　次の漢字の読み方を例のようにひらがなで書いてください。

・ひらがなは、<u>ただしく、ていねいに</u>書いてください。
・<u>漢字の読み方だけ</u>書いてください。

（例）　はやく書いてください。　　　

（例）	か

---

(57)　<u>世界</u>を旅行したいです。

(58)　<u>秋</u>になりました。

(59)　月が<u>光</u>っています。

(60)　ご<u>家族</u>は、何人ですか。

(61)　あの白い<u>建物</u>は、何ですか。

(62)　この公園は、<u>広</u>いですね。

(63)　<u>台風</u>で、電車が止まりました。

(64)　私は、<u>虫</u>が嫌いです。

(65)　きちんと<u>並</u>んでください。

(66)　彼の意見に<u>賛成</u>しました。

4 記述問題

A 例のように_____に合う言葉を入れて文をつくってください。

- 文字は、**ただしく、ていねいに**書いてください。
- 漢字で書くときは、**今の日本の漢字をただしく、ていねいに**書いてください。

（例）　きのう、_____でパンを_____。
　　　　　　　　　　（A）　　　　　　　　　　　（B）

（例）	(A)	スーパー	(B)	買いました

---

(67)

A：犬とねこと_____が好きですか。
　　　　　　　　　（A）

B：ねこの_____が好きです。
　　　　　　（B）

(68)

A：今晩、仕事の_____で、一緒に食事しませんか。
　　　　　　　　　　（A）

B：すみません。今日は、用事が_____から、また今度お願いします。
　　　　　　　　　　　　　　　　（B）

(69)

A：わあ、急に雨が_____出したよ。
　　　　　　　　　　（A）

B：困ったなあ。今日は、かさを_____いないのに。
　　　　　　　　　　　　　　　　（B）

(70)

窓を_____まま寝たら、かぜを_____しまいました。
　　　（A）　　　　　　　　　　　　　　　（B）

B 例のように３つの言葉を全部使って、会話や文章に合う文をつくってください。

・【　　】の中の文だけ書いてください。
・1.→2.→3.の順に言葉を使ってください。
・言葉の＿＿の部分は、形を変えてもいいです。
・文字は、ただしく、ていねいに書いてください。
・漢字で書くときは、今の日本の漢字をただしく、ていねいに書いてください。

（例）

きのう、【　1．どこ　→　2．パン　→　3．買う　】か。

（例）	どこでパンを買いました

(71)

私は、駅の【　1．近く　→　2．病院　→　3．働く　】います。

(72)

バスは、【　1．地下鉄　→　2．便利　→　3．安い　】です。

(73) （会社で）

Ａ：明日は、少し【　1．早い　→　2．会社　→　3．来る　】と思っています。

Ｂ：私もです。9時から会議がありますからね。

(74)

Ａ：旅行中、頭が痛くて、【　1．ホテル　→　2．寝る　→　3．ばかり　】いました。

Ｂ：それは、残念でしたね。

── このページには問題はありません。──

J.TEST

実用日本語検定

聴 解 試 験

<table>
<tr><td>1</td><td>写真問題
しゃしんもんだい</td><td>問題</td><td>1〜 6</td></tr>
<tr><td>2</td><td>聴読解問題
ちょうどっかいもんだい</td><td>問題</td><td>7〜12</td></tr>
<tr><td>3</td><td>応答問題
おうとうもんだい</td><td>問題</td><td>13〜28</td></tr>
<tr><td>4</td><td>会話・説明問題
かいわ せつめいもんだい</td><td>問題</td><td>29〜38</td></tr>
</table>

1 写真問題 (問題1〜6)

例題

れい ● ② ③ ④ （答えは解答用紙にマークしてください）

A 問題1

- 104 -

B 　問題2

C 　問題3

D　問題4

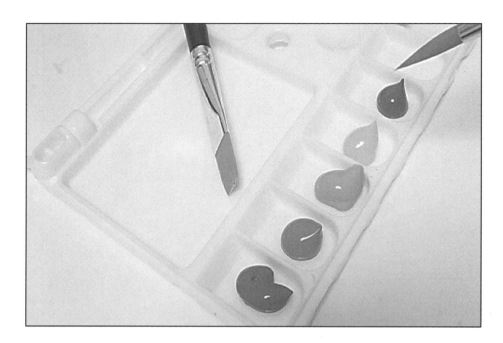

E　問題5

F 　問題6

2 聴読解問題 <ruby>聴読解問題<rt>ちょうどっかいもんだい</rt></ruby> （問題7～12）

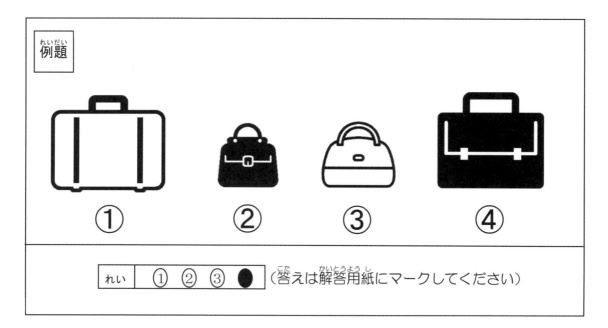

<ruby>例題<rt>れいだい</rt></ruby>

① ② ③ ④

れい ① ② ③ ● （<ruby>答え<rt>こた</rt></ruby>は<ruby>解答用紙<rt>かいとうようし</rt></ruby>にマークしてください）

G <ruby>問題<rt>もんだい</rt></ruby>7

① 600 円

② 700 円

③ 800 円

④ 1,000 円

H <ruby>問題<rt>もんだい</rt></ruby>8

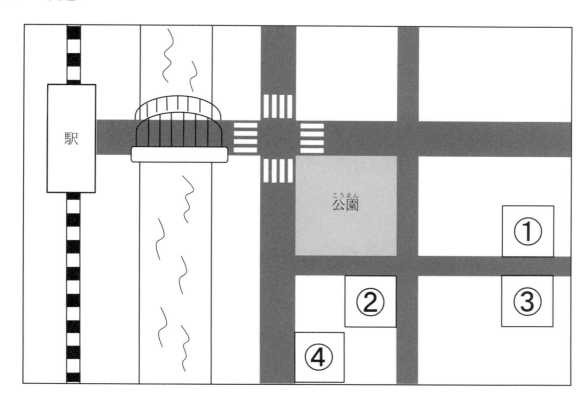

I <ruby>問題<rt>もんだい</rt></ruby>9

月	火	水	木	金
8	9	10	11	12
15	16 ①	17	18	19 ②
22 ③	23 ④	24	25	26
29	30	31		

- 109 -

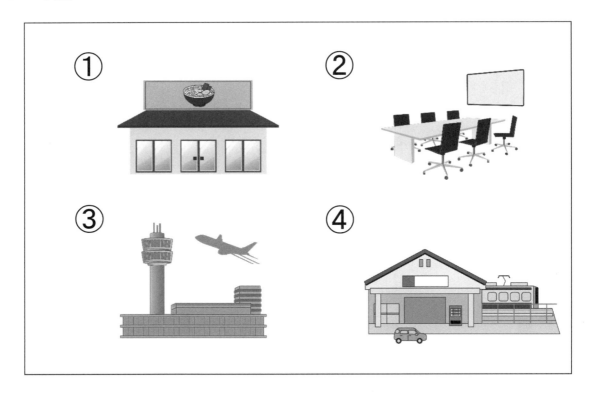

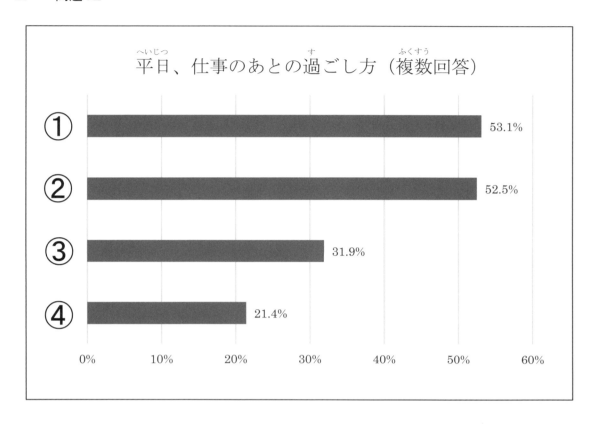

平日、仕事のあとの過ごし方（複数回答）

① 53.1%
② 52.5%
③ 31.9%
④ 21.4%

0%　10%　20%　30%　40%　50%　60%

3 応答問題 (問題13〜28)

(問題だけ聞いて答えてください。)

例題1	→	れい1	●	②	③
例題2	→	れい2	①	●	③

(答えは解答用紙にマークしてください)

問題13

問題14

問題15

問題16

問題17

問題18

問題19

問題20

問題21

問題22

問題23

問題24

問題25

問題26

問題27

問題28

メモ (MEMO)

4 会話・説明問題 (問題29〜38)

例題	
	1 耳が痛いですから
	2 頭が痛いですから
	3 歯が痛いですから

れい	① ● ③	（答えは解答用紙にマークしてください）

1

問題29　1　黒くて、小さい傘です。

　　　　2　あかくて、長い傘です。

　　　　3　青くて、長い傘です。

問題30　1　新しい傘を買いに行きます。

　　　　2　うちに帰ります。

　　　　3　他の駅に連絡します。

2

問題31　1　一人です。

　　　　2　友だちです。

　　　　3　かぞくです。

問題32　1　北海道を旅行したことがあります。

　　　　2　来年も北海道でスキーをする予定です。

　　　　3　寒いところが苦手です。

問題33　1　誕生日ですから

　　　　2　高校に入りますから

　　　　3　高校をそつぎょうしましたから

問題34　1　ゲームです。

　　　　2　スマートフォンです。

　　　　3　自転車です。

4

問題35　1　体の具合がよくないですから

　　　　2　家でお母さんのせわをしていますから

　　　　3　出社まえに、病院に寄っていますから

問題36　1　9時です。

　　　　2　9時30分です。

　　　　3　10時です。

5

問題37　1　こえの大きさです。

　　　　2　話す速さです。

　　　　3　話しているときの表情です。

問題38　1　会議しつのかぎを借りてきます。

　　　　2　みんなの前で発表します。

　　　　3　男の人にプレゼンの資料を見せます。

おわ

実用日本語検定

TEST OF PRACTICAL JAPANESE

J.TEST

受験番号		氏　名	

注　意

1　試験が始まるまで、この問題用紙を開けないでください。

2　この問題用紙は、全部で３４ページあります。

日本語検定協会／J.TEST事務局

J.TEST

実用日本語検定

読解試験
（どっかいしけん）

1 文法・語彙問題

A 次の文の（　　　）に1・2・3・4の中から一番いい言葉を入れてください。

（1）　ミスをして、先輩（　　　）叱られました。
　　　　1　へ　　　　　　2　を　　　　　　3　で　　　　　　4　に

（2）　来年、私はイタリアに留学する（　　　）です。
　　　　1　とおり　　　2　まま　　　　3　つもり　　　4　ところ

（3）　仕事中にガムを（　　　）はいけません。
　　　　1　かみ　　　　2　かむ　　　　3　かんで　　　4　かもう

（4）　部長の話は、（　　　）すぎて、よくわかりませんでした。
　　　　1　はや　　　　2　はやい　　　3　はやく　　　4　はやくて

（5）　会議は、11時から（　　　）はずですよ。
　　　　1　で　　　　　　2　の　　　　　　3　と　　　　　　4　に

（6）　ワンさんが今日（　　　）かどうか、わかりません。
　　　　1　ひま　　　　2　ひまで　　　3　ひまな　　　4　ひまに

（7）　A：「すみません、お湯の出し方がわからないんですが…」
　　　　B：「ああ、そのあかいボタンを長く（　　　）、出ますよ」
　　　　1　押して　　　2　押すな　　　3　押すから　　　4　押すと

（8）　アルバイトを始めて3か月たち、ようやく仕事を（　　　）つつあります。
　　　　1　覚えている　　2　覚えて　　　3　覚え　　　　4　覚える

（9）　あんなにサービスの悪いホテル、二度と行く（　　　）か。
　　　　1　べき　　　　2　もの　　　　3　わけ　　　　4　こと

（10）　A：「毎日、暑い日が続いていますね」
　　　　B：「ええ、ほんとうに（　　　）ね」
　　　　1　暑くてたまりません　　　　　　　2　暑いとは限りません
　　　　3　暑い反面です　　　　　　　　　　4　暑いわけがありません

B　次の文の（　　　）に１・２・３・４の中から一番いい言葉を入れてください。

(11)　悲しくて、（　　　）が止まりません。
　　　1　なみだ　　　　2　におい　　　　3　熱　　　　4　表

(12)　みんなの前で失敗して、（　　　）です。
　　　1　柔らかかった　2　浅かった　　　3　うれしかった　4　恥ずかしかった

(13)　わ、大変だ！　事務所の窓が（　　　）いますよ！
　　　1　晴れて　　　　2　騒いで　　　　3　滑って　　　4　割れて

(14)　この仕事は（　　　）ので、だれでもできます。
　　　1　邪魔な　　　　2　熱心な　　　　3　簡単な　　　4　親切な

(15)　先生のお宅に（　　　）もよろしいでしょうか。
　　　1　申して　　　　　　　　　　　2　いらっしゃって
　　　3　うかがって　　　　　　　　　4　おいでになって

(16)　どれだけ考えても、答えが（　　　）わかりません。
　　　1　やっと　　　　2　ちっとも　　　3　かならず　　　4　もうすぐ

(17)　課長は、（　　　）がある人です。
　　　1　ベル　　　　　2　アナウンサー　3　ユーモア　　　4　ガソリン

(18)　台風で旅行に行けなくなって、（　　　）しました。
　　　1　うっかり　　　2　すっきり　　　3　はっきり　　　4　がっかり

(19)　このせっけんは、あまり（　　　）がたちません。
　　　1　泡　　　　　　2　畑　　　　　　3　粉　　　　　　4　鍋

(20)　食べるまえに、電子レンジで（　　　）ましょう。
　　　1　冷やし　　　　2　なめ　　　　　3　温め　　　　　4　つるし

C　次の文の＿＿＿＿の意味に一番ちかいものを１・２・３・４の中から選んでください。

(21)　私の夫は、医者です。
　　　１　父　　　　　　２　主人　　　　　　３　息子　　　　　４　おとうと

(22)　最初に、このデータについて説明します。
　　　１　まず　　　　　２　つぎに　　　　　３　少しの時間　　４　では

(23)　今、準備していますから、少し待ってください。
　　　１　使って　　　　２　故障して　　　　３　仕度して　　　４　確認して

(24)　スリさんは、大阪へ引っ越しするそうです。
　　　１　したがっています　　　　　　　　２　するらしいです
　　　３　する予定です　　　　　　　　　　４　するだろうと思います

(25)　アクセサリーを買いました。
　　　１　えんぴつやけしゴム　　　　　　　２　テーブルやベッド
　　　３　ワイシャツやネクタイ　　　　　　４　ゆびわやネックレス

(26)　資料を見ずに、レポートを書きました。
　　　１　見てから　　２　見ながら　　　　３　見たあとで　　４　見ないで

(27)　めったにない料理を食べました。
　　　１　珍しい　　　２　おいしい　　　　３　辛い　　　　　４　甘い

(28)　いいアイデアですね。
　　　１　作品　　　　２　考え　　　　　　３　思い出　　　　４　がっき

(29)　この本は、読みきりました。
　　　１　読み始めました　　　　　　　　　２　読んでいる途中です
　　　３　全部読みました　　　　　　　　　４　読んだことがあります

(30)　大きなこえでしゃべらないでください。
　　　１　呼ばないで　　２　話さないで　　　３　歌わないで　　４　けんかしないで

── このページには問題はありません。──

2　読解問題

問題　1

次のメールを読んで、問題に答えてください。
答えは1・2・3・4の中から一番いいものを1つ選んでください。

＜トアンさんが書いたメール＞

> 鈴木さん、すみません。
> 私の机の上を見てもらえますか。
> 手紙がありませんか。

＜鈴木さんが書いたメール＞

> マルヤマ会社の住所と名前が書いてある封筒がありますよ。切手も貼ってあります。

> ああ、よかった。
> どこかに落としたかと思いました。

> 私が帰るとき、ポストに出しておきましょうか。

> ありがとうございます。お願いします。
> じゃ、私は仕事が終わったら、そのままうちへ帰ります。

> わかりました。

(31) トアンさんについて、メールの内容と合っているのは、どれですか。

 1　手紙に切手を貼るのを忘れました。

 2　大切なものをなくしました。

 3　手紙を持たないで、出かけました。

 4　マルヤマ会社から手紙をもらいました。

(32) 鈴木さんは、このあと、どうしますか。

 1　マルヤマ会社に手紙を書きます。

 2　ポストに手紙を入れます。

 3　郵便局で切手を買います。

 4　トアンさんに会います。

問題　2

次の文章を読んで、問題に答えてください。
答えは1・2・3・4の中から一番いいものを1つ選んでください。

昨日はおとうとの誕生日でしたから、夜、家族でパーティーをしました。私は仕事のあとで、デパートで誕生日ケーキを買ってうちに帰りました。うちに帰ったとき、びっくりしました。テーブルの上には、大きなケーキが2つあったからです。父も母もケーキを買っていたのです。「きちんと話しておけばよかったね」と、みんなで笑いました。

---

(33)　どうして「みんなで笑いました」か。

　　1　私が買ったケーキが小さくて、足りませんでしたから
　　2　私が買ったケーキがおとうとの好きなケーキではありませんでしたから
　　3　おとうとが自分で誕生日ケーキを買いましたから
　　4　みんながケーキを買ったので、ケーキが多すぎましたから

問題　3

次の文章を読んで、問題に答えてください。
答えは1・2・3・4の中から一番いいものを1つ選んでください。

　私は、3年まえから日本の介護施設で働いています。私が働いているところには、一人でトイレに行ったり、お風呂に入ったりするのが難しいおじいさんやおばあさんが住んでいます。ここにいる人は、家族といっしょに生活できません。ですから、私は、おじいさんやおばあさんから本当の家族だと思ってもらえるようにお世話しています。仕事は大変です。ときどき、からだが痛くなります。でも、みんな、いつも私に「ありがとう」と言ってくれるので、頑張ることができます。はじめは、この仕事があまり好きじゃありませんでしたが、今は、楽しく働いています。

---

(34)　「私」について、文章の内容と合っているのは、どれですか。
1　家族に会えなくて、寂しいと思っています。
2　仕事が大変なので、辞めたいと思っています。
3　おじいさんやおばあさんの世話をすることが楽しいと思っています。
4　本当の家族に会いたいので、国に帰りたいと思っています。

問題　4

次の文章を読んで、問題に答えてください。
答えは1・2・3・4の中から一番いいものを1つ選んでください。

4人に「よく使う乗り物」について聞きました。

Aさん

　バスです。家の前にバス停があって、アルバイトの店まで30分くらいです。車の運転はできますが、車がないので、バスを使います。電車のほうが安いですが、駅が遠いので、仕方がありません。

Bさん

　ほとんど毎日車に乗っています。会社もスーパーも、どこでも車で行きます。最近は、車以外、全然乗っていません。車の運転が好きなので、休みの日は遠くへ出かけることもあります。

Cさん

　自転車を使います。でも雨の日は危ないですから、あにの車に乗せてもらいます。私はまだ高校生なので、運転ができませんが、将来も車の運転はできなくてもいいと思っています。

Dさん

　電車です。以前は自分で車を運転して通勤していましたが、朝は、道が混んでいて、時間がかかるのでやめました。電車は人が多いですが、着く時間が決まっていますから、電車のほうがいいです。

---

(35)　車の運転ができない人は、だれですか。

1　Aさんです。
2　Bさんです。
3　Cさんです。
4　Dさんです。

(36)　文章の内容と合っているのは、どれですか。

1　Aさんは、電車でアルバイトに行きます。
2　Bさんは、休みの日、ほとんど出かけません。
3　Cさんは、雨の日も自転車に乗ります。
4　Dさんは、今、電車で会社に通っています。

問題　5

次のお知らせを読んで、問題に答えてください。
答えは１・２・３・４の中から一番いいものを１つ選んでください。

2022 年 7 月 1 日

営業部のみなさんへ

送別会のお知らせ

みなさんも知っているとおり、宮武さんと石田さんが営業部を離れることになりました。宮武さんは、8 月から北海道支社へ、石田さんは、9 月から東海支社へ転勤となります。最後に、みなさんで楽しい時間を過ごしましょう。

日時：7 月 25 日　18:00〜
場所：レストラン「梅の花」
会費：5,000 円（当日いただきます）

参加できるかどうか、7 月 20 日までに岡田にお知らせください。

岡田

---

(37)　このお知らせを読んだあと、まず、どうしますか。
　　1　岡田さんに5,000円払います。
　　2　送別会に行くか行かないか、岡田さんに返事をします。
　　3　都合がいい日にちを岡田さんに伝えます。
　　4　送別会の場所はどこがいいか、みんなで相談します。

(38)　お知らせの内容と合っているのは、どれですか。
　　1　宮武さんは、8月から北海道で働きます。
　　2　石田さんは、8月中は会社を休みます。
　　3　宮武さんと石田さんは、会社を辞めるかもしれません。
　　4　社員は、宮武さんと石田さんの転勤を知りませんでした。

問題　6

次のメールを読んで、問題に答えてください。
答えは１・２・３・４の中から一番いいものを１つ選んでください。

＜エリーさんから松田さんへ送ったメール＞

松田さん

お疲れ様です。

今、林さんから電話がありました。明日の大阪出張ですが、松田さんと一緒に行けなくなったとのことです。ゆうべからおなかが痛くて、今朝病院に行ったら、すぐ入院するように言われたそうです。

エリー

＜松田さんからエリーさんへ送ったメール＞

エリーさん

わかりました。林さん、心配ですね。

私は、これからサントス社に行かなければなりません。すみませんが、部長に相談して、林さんの代わりに出張できる人を探してください。

松田

松田さん

わかりました。すぐに部長に話します。

あとで奥さんに電話して、林さんの様子を聞いてみようと思います。

エリー

---

(39) 松田さんは、このあと、どうしますか。

    1 サントス社へ行きます。

    2 林さんに電話をします。

    3 会社に戻ります。

    4 病院へ行きます。

(40) 松田さんは、エリーさんに何を頼みましたか。

    1 明日、一緒に大阪へ行くことです。

    2 部長と相談して、出張できる人をみつけることです。

    3 林さんの家族に林さんの様子を聞くことです。

    4 林さんのお見舞いに行くことです。

問題　7

次のチラシを読んで、問題に答えてください。
答えは1・2・3・4の中から一番いいものを1つ選んでください。

BOOK＆CAFE きらり　2022年8月OPEN！

　きたまち商店街に本屋とカフェを開店します。1階がカフェ、2階が本屋になっています。カフェで買ったコーヒーを飲みながら、本屋で本を選んだり、選んだ本をカフェで読んだりすることができます。本は、買っても、買わなくても大丈夫。2階にもいすやソファーが多数置いてありますから、図書館のように利用していただけます。外国の写真集や外国語の絵本などもございます。
　カフェは、本を読むことはもちろん、休憩やお友だちとのおしゃべりにもご利用ください。

● 駐車じょう　あります

　きたまち商店街の駐車じょう
　（1時間100円）をご利用いただけ
ます。お店のレシートがあると、
2時間まで無料になります。

● ポイントカード

　本屋で200円お買い上げごとに、1
ポイント貯まります。100ポイント
貯めると、カフェでコーヒーが1杯
無料となります。

● 一緒に働きませんか（アルバイト募集中）

　本屋またはカフェ（どちらか選んでください）　時給950円
　大学生以上の方のみ。詳しくは店長　松本（01−××-2345）まで

---

(41) 「BOOK&CAFEきらり」の利用方法として、正しいのは、どれですか。

1　本を読みたい人だけがカフェを利用できます。

2　本を買わなくても、カフェで本屋の本を読むことができます。

3　図書館のように、本屋でもカフェでも静かにしなければなりません。

4　図書館のように、本屋で本を借りて、持って帰ることができます。

(42) チラシの内容と合っているのは、どれですか。

1　200円以上本屋で買い物すると、カフェのコーヒーが無料でもらえます。

2　本屋で買い物すると、何時間でも駐車じょう代がかかりません。

3　アルバイトは、本屋の仕事とカフェの仕事を両方します。

4　高校生は「BOOK&CAFEきらり」でアルバイトをすることができません。

問題　8

次の文章を読んで、問題に答えてください。
答えは1・2・3・4の中から一番いいものを1つ選んでください。

　私の会社は、去年からアメリカでビジネスを始めたので、私も英語を使う機会が増えました。私は、英語に苦手意識があったので、英語が得意な上司に勉強方法について聞くと、「絶対にこれがいい」というのはないとのことでした。日記を書く、おんがくを聞くなど、勉強方法はさまざまだけど、その人が得意だったり、好きだったりする方法が一番だと言われました。そのほうが長く続けられるからと。人と話すのが好きな上司は、会話することで上手になったそうです。私は散歩が好きなので、散歩しながら英語を勉強しようと考えました。散歩中に感じたことを頭の中で英語にしてみるというやり方です。例えば「この道は車が多くて危ないなあ」「こんなに寒いなら、コートを着てくればよかった」など、そのとき思ったことを英語で文にするのです。このおかげで、少しずつですが英語の力は上がりました。しかし、アメリカ人のように話せるかと言われれば、そんなことはありません。日本人の私にとって、英語の勉強にゴールはありませんから、今でもこれは続けています。なにより大切なのは、続けることだと思っていますから。

---

(43)　「私」は、どうやって英語を勉強していますか。
　　1　英語のおんがくを聞きながら、歌っています。
　　2　散歩しながら、思ったことを英語の文にしています。
　　3　散歩しながら、出会った人と英語で話しています。
　　4　英語で日記を書いて、こえに出して読んでいます。

(44)　英語の勉強方法について、文章の内容と合っているのは、どれですか。
　　1　人によって合う方法は違います。
　　2　一番いい方法は、人と話すことです。
　　3　上手な人に勧められた方法を試すのがいいです。
　　4　外国に行って勉強すれば、早く上手になります。

問題 9

次の文章を読んで、問題に答えてください。
答えは1・2・3・4の中から一番いいものを1つ選んでください。

　今年から私が住んでいる市の多くの店では、レジ袋が無料ではなくなりました。プラスチックごみを少なくするのが目的だといわれています。しかし、私自身が使うプラスチックの袋の量は減っていません。私が住んでいる市では、ごみを出すとき決められた袋がなく、それに、私が一度に出すごみの量が少ないので、大きな袋も必要ありません。ですから、今まではスーパーなどで買い物をして、そのときにもらったレジ袋をごみを出すのに使っていました。しかし、今ではごみを出すための袋をわざわざ買わなければならなくなりました。私はこの制度に反対しているわけではありませんが、なんとなく疑問を感じています。なぜなら、レジ袋を買うようになっただけで、私のプラスチックの袋の使用量は減っていないからです。もちろん、日本全体でみると、レジ袋の使用量は減っているようですから、この取り組みによって私たち一人ひとりが生活を見直し、プラスチックごみが減るならとてもいいことだと思います。しかし、もともと「マイバッグ」を使い、レジ袋をもらい過ぎないようにしてきた私にとっては、今までの努力を評価してもらえないだけではなく、余計にお金を取られているような気持ちになってしまいます。レジ袋を有料にする代わりに、もらわなかった場合は、割引があるような仕組みのほうがいいと思います。

---

(45) 「私」は何に対して「疑問を感じています」か。
1 住んでいる市では、ごみを出すときの袋が決まっていないことです。
2 自分が使うプラスチック製の袋の量が減っていないことです。
3 プラスチックごみを減らすために、お金がかかりすぎていることです。
4 レジ袋が有料になっても、日本のレジ袋の使用量は減っていないことです。

(46) 「私」の考えと合っているのは、どれですか。
1 日本全国で使用するごみ袋を共通のものにしてほしいです。
2 プラスチックのレジ袋の代わりに「マイバッグ」を売るようにしてほしいです。
3 レジ袋を有料化しても期待した効果は得られないので、無料に戻してほしいです。
4 レジ袋を使わない努力をしている人が損をしていると感じないようにしてほしいです。

3 漢字問題

A　次のひらがなの漢字をそれぞれ１・２・３・４の中から１つ選んでください。

(47)　これは、<u>あに</u>のかばんです。
　　　　１　兄　　　　　　２　姉　　　　　　３　弟　　　　　　４　妹

(48)　外は、まだ<u>くらい</u>ですね。
　　　　１　黒い　　　　　２　赤い　　　　　３　暗い　　　　　４　重い

(49)　<u>あるいて</u>行きましょう。
　　　　１　建いて　　　　２　動いて　　　　３　歩いて　　　　４　走いて

(50)　<u>いけ</u>に魚がいます。
　　　　１　池　　　　　　２　地　　　　　　３　海　　　　　　４　村

(51)　<u>ふとい</u>ペンで書いてください。
　　　　１　短い　　　　　２　太い　　　　　３　軽い　　　　　４　近い

(52)　学校の<u>もん</u>は、どこですか。
　　　　１　体　　　　　　２　顔　　　　　　３　銀　　　　　　４　門

(53)　あれは、パンの<u>こうじょう</u>です。
　　　　１　映画　　　　　２　工場　　　　　３　夕飯　　　　　４　特急

(54)　サッカーの試合は、いつも<u>かんきゃく</u>が多いです。
　　　　１　観客　　　　　２　慣習　　　　　３　乗客　　　　　４　経済

(55)　もう荷物は<u>とどき</u>ましたか。
　　　　１　頂き　　　　　２　除き　　　　　３　泣き　　　　　４　届き

(56)　<u>あせ</u>をかきました。
　　　　１　汗　　　　　　２　涙　　　　　　３　油　　　　　　４　波

B　次の漢字の読み方を例のようにひらがなで書いてください。

・ひらがなは、<u>ただしく、ていねいに</u>書いてください。
・<u>漢字の読み方だけ</u>書いてください。

（例）　はやく<u>書</u>いてください。　　　| （例） | か |

(57)　<u>茶色</u>の服を買いました。

(58)　子どもの<u>声</u>がします。

(59)　お<u>皿</u>を<u>洗</u>います。

(60)　どんな<u>音楽</u>が好きですか。

(61)　私は、日本文学の<u>研究</u>をしています。

(62)　<u>青</u>いペンをください。

(63)　私は、<u>牛肉</u>が好きです。

(64)　毎日、<u>卵</u>を食べています。

(65)　このテストは、<u>易</u>しいです。

(66)　部長の<u>指示</u>をよく聞いてください。

4 記述問題

A 例のように_____に合う言葉を入れて文をつくってください。

・文字は、<u>ただしく、ていねいに</u>書いてください。
・漢字で書くときは、<u>今の日本の漢字を</u><u>ただしく、ていねいに</u>書いてください。

（例）　きのう、_____でパンを_____。
　　　　　　　　　　　（A）　　　　　　　　　　（B）

（例）	（A）	スーパー	（B）	買いました

---

(67)
毎日、朝8時_____午後5時_____勉強します。
　　　　　　　　　（A）　　　　　　　　（B）

(68)　（病院で）
医　　者：朝と夜、1日に2_____、この薬を水で_____ください。
　　　　　　　　　　　　　　（A）　　　　　　　　　　　　　　（B）
病気の人：わかりました。

(69)
年を_____と、だんだん力が_____なります。
　　　　　（A）　　　　　　　　　　　（B）

(70)
さっきごはんを_____ばかりですから、_____がすいていません。
　　　　　　　　　（A）　　　　　　　　　　　　　（B）

B　例のように３つの言葉を全部使って、会話や文章に合う文をつくってください。

・【　　】の中の文だけ書いてください。
・1.→2.→3.の順に言葉を使ってください。
・言葉の　　の部分は、形を変えてもいいです。
・文字は、ただしく、ていねいに書いてください。
・漢字で書くときは、今の日本の漢字をただしく、ていねいに書いてください。

（例）

きのう、【　1.　どこ　→　2.　パン　→　3.　買う　】か。

（例）	どこでパンを買いました

(71)　（図書館で）

係の人：【　1.　ここ　→　2.　電話　→　3.　かける　】ください。
　　　　　外でお願いします。

利用者：はい、すみません。

(72)

もし【　1.　お金　→　2.　たくさん　→　3.　ある　】、大きい家を買いたいです。

(73)　（会社で）

A：今日も残業ですか。

B：いいえ、今日は早く帰ります。
　　　【　1.　昨日　→　2.　ほど　→　3.　忙しい　】ですから。

(74)

天気のいい日は、【　1.　洗濯物　→　2.　乾く　→　3.　やすい　】です。

──── このページには問題はありません。────

J.TEST

実用日本語検定

聴解試験
ちょう かい し けん

1 写真問題 (問題1～6)

れい | ● ② ③ ④ | （答えは解答用紙にマークしてください）

A　問題1

B 　問題2

C 　問題3

D 問題4

E 問題5

F　<ruby>問題<rt>もんだい</rt></ruby>6

2 聴読解問題 <ruby>聴読解問題<rt>ちょうどっかいもんだい</rt></ruby>（問題7〜12）

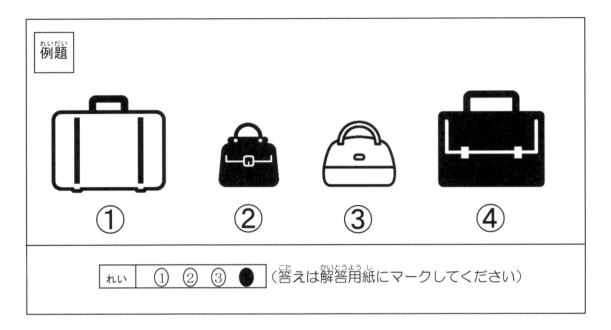

G 問題7

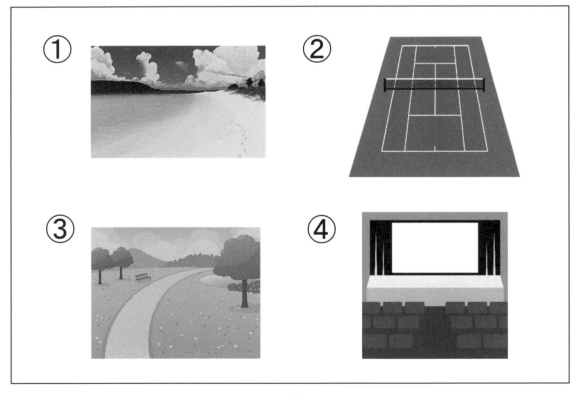

H　問題8

① ハンバーガー

② カレーライス

③ おすし

④ ラーメン

I　問題9

J　問題10

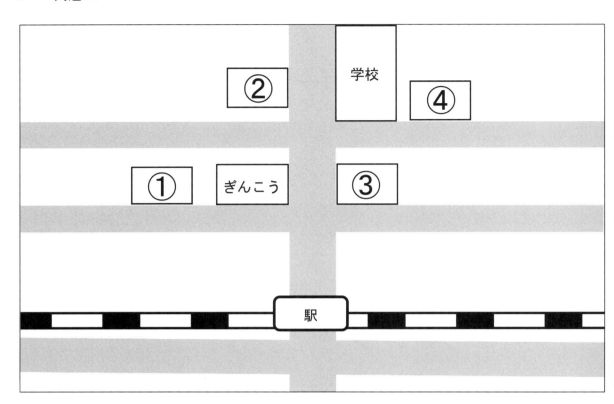

K　問題11

	仕事をしていて楽しいと感じたとき	
1位	①	90人
2位	②	85人
3位	③	30人
4位	④	22人
5位	上司にほめられたとき	15人

L　問題12

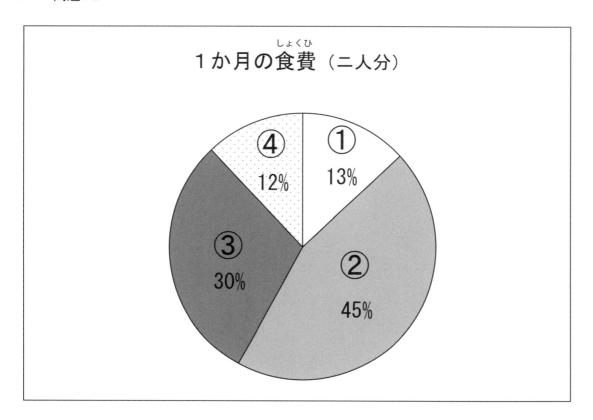

1か月の食費（二人分）

④ 12%

① 13%

③ 30%

② 45%

3 応答問題 (問題13〜28)

（問題だけ聞いて答えてください。）

			れい			
例題1	→	れい1	●	②	③	
例題2	→	れい2	①	●	③	

（答えは解答用紙にマークしてください）

問題13

問題14

問題15

問題16

問題17

問題18

問題19

メモ (MEMO)

問題20

問題21

問題22

問題23

問題24

問題25

問題26

問題27

問題28

4 会話・説明問題 (問題29〜38)

例題	1 耳が痛いですから
	2 頭が痛いですから
	3 歯が痛いですから

| れい | ① ● ③ | （答えは解答用紙にマークしてください） |

問題29　1　あるいて行きます。
　　　　2　電車で行きます。
　　　　3　ちかてつで行きます。

問題30　1　女の人は男の人にさくら美術館の場所を聞きました。
　　　　2　男の人は、ちかてつの乗り場を知りませんでした。
　　　　3　男の人は、女の人にさくら美術館まで早く行ける方法を教えました。

問題31　1　商品の数です。
　　　　2　商品のいろです。
　　　　3　商品の値段です。

問題32　1　会議に出席します。
　　　　2　きゃくに書類を送ります。
　　　　3　書類の間違いを直します。

3

問題33　1　ダンスがうまくなりたいからです。
　　　　2　家でもできるからです。
　　　　3　体重を減らしたいからです。

問題34　1　去年、会社を辞めました。
　　　　2　去年から家にいる時間が増えました。
　　　　3　ダンスを教えている友だちがいます。

4

問題35　1　いろやデザインが好きじゃありませんでしたから
　　　　2　同じようなスカートを持っていますから
　　　　3　ちょうどいいサイズがありませんでしたから

問題36　1　くろいスカートをはいてみます。
　　　　2　くろいスカートを買います。
　　　　3　あおいスカートをはいてみます。

5

問題37　1　年齢が高い人です。
　　　　2　学生です。
　　　　3　仕事で自転車を使っている人です。

問題38　1　乗りにくいという意見です。
　　　　2　いろがよくないという意見です。
　　　　3　値段が高いという意見です。

おわり

実用日本語検定

TEST OF PRACTICAL JAPANESE

J.TEST

受験番号		氏　名	

注　意

1　試験が始まるまで、この問題用紙を開けないでください。

2　この問題用紙は、全部で３４ページあります。

日本語検定協会／J.TEST事務局

J.TEST

実用日本語検定

読解試験

1　文法・語彙問題

A　次の文の（　　　）に１・２・３・４の中から一番いい言葉を入れてください。

（1）　この本は、日本語を勉強するの（　　　）役に立ちます。
　　　　　1　と　　　　　　2　を　　　　　　3　に　　　　　　4　が

（2）　イタリアに留学する（　　　）、イタリア語をならっています。
　　　　　1　そうに　　　　2　ように　　　　3　とおりに　　　4　ために

（3）　私は、来年、国へ（　　　）と思っています。
　　　　　1　帰る　　　　　2　帰ろう　　　　3　帰り　　　　　4　帰って

（4）　仕事が（　　　）なら、私も一緒にやりますよ。
　　　　　1　忙しい　　　　2　忙し　　　　　3　忙しく　　　　4　忙しくて

（5）　来週の出張は、私に（　　　）いただけませんか。
　　　　　1　行って　　　　2　行かされて　　3　行かせて　　　4　行かれて

（6）　マリーさんは、あさって（　　　）らしいです。
　　　　　1　誕生日の　　　2　誕生日で　　　3　誕生日だ　　　4　誕生日

（7）　A：「会議室のかぎ、見つかりましたか」
　　　　　B：「いいえ。みんなに（　　　）わかりませんでした」
　　　　　1　聞いても　　　2　聞いたら　　　3　聞けば　　　　4　聞くな

（8）　私は、映画（　　　）きっかけにダンスを始めました。
　　　　　1　まで　　　　　2　より　　　　　3　を　　　　　　4　が

（9）　ドアを開け（　　　）にしないでください。
　　　　　1　がち　　　　　2　っぱなし　　　3　っぽい　　　　4　だらけ

（10）　A：「もう片づけ終わったの？　早いね」
　　　　　B：「みんなが（　　　）よ」
　　　　　1　手伝うよりほかはない　　　　　　2　手伝ってくれたおかげだ
　　　　　3　手伝うに違いない　　　　　　　　4　手伝うおそれがある

B　次の文の（　　）に１・２・３・４の中から一番いい言葉を入れてください。

(11)　部屋の（　　）にコピー機があります。
　　　1　雲　　　　　　2　坂　　　　　　3　隅　　　　　　4　枝

(12)　ここからの景色、とても（　　）ですね。
　　　1　美しい　　　　2　苦い　　　　　3　固い　　　　　4　厳しい

(13)　趣味は、古い切手を（　　）ことです。
　　　1　落とす　　　　2　集める　　　　3　決める　　　　4　剃る

(14)　ここは、（　　）ですから、入ってはいけません。
　　　1　ハンサム　　　2　危険　　　　　3　得意　　　　　4　すてき

(15)　足のけががなかなか（　　）ません。
　　　1　寄り　　　　　2　踏み　　　　　3　止み　　　　　4　治り

(16)　部長は、（　　）会社を出たところです。
　　　1　最も　　　　　2　しっかり　　　3　決して　　　　4　たった今

(17)　A：「お仕事は？」
　　　B：「（　　）です」
　　　1　アルコール　　2　グループ　　　3　サラリーマン　4　テレホンカード

(18)　会社を辞めたら、しばらく（　　）したいです。
　　　1　ぐっすり　　　2　のんびり　　　3　あっさり　　　4　ぴったり

(19)　石川さんとは、大学を卒業してから連絡を（　　）いません。
　　　1　流して　　　　2　出して　　　　3　かけて　　　　4　取って

(20)　私の国は、（　　）が少ないです。
　　　1　資源　　　　　2　景気　　　　　3　文句　　　　　4　姿勢

C　次の文の＿＿＿＿の意味に一番ちかいものを１・２・３・４の中から選んでください。

(21)　ここは、とこやです。
　　　1　髪を切るところ　　　　　　　　2　遊ぶところ
　　　3　お祈りをするところ　　　　　　4　布団をしまうところ

(22)　カンさんの家へ行きました。けれど、留守でした。
　　　1　やはり　　　　2　でも　　　　3　すると　　　　4　なぜか

(23)　上田課長は、もうご覧になりましたよ。
　　　1　聞きました　　2　寝ました　　3　帰りました　　4　見ました

(24)　写真を撮っても構いません。
　　　1　撮ってもいいです　　　　　　　2　撮らないほうがいいです
　　　3　撮ったほうがいいです　　　　　4　撮らなければなりません

(25)　細かく切ってください。
　　　1　すぐに　　　　2　大きく　　　　3　早く　　　　4　小さく

(26)　休みの日は、テレビばかり見ています。
　　　1　テレビを見ることにしています　2　テレビを見たくなります
　　　3　いつもテレビを見ています　　　4　テレビを見ることができます

(27)　今日のサッカーの試合は、中止します。
　　　1　終わりました　　　　　　　　　2　予定どおりします
　　　3　他の日にします　　　　　　　　4　行われません

(28)　時間は、たっぷりあります。
　　　1　十分　　　　2　もう少し　　　　3　もっと　　　　4　まだ

(29)　娘に母からもらった指輪を譲りました。
　　　1　見せました　　2　あげました　　3　貸しました　　4　借りました

(30)　課長はいつも、あいまいなことしか言いません。
　　　1　意地悪な　　　　　　　　　　　2　ばからしい
　　　3　はっきりしない　　　　　　　　4　ずうずうしい

―――― このページには問題はありません。――――

2 読解問題

問題 1

次のメールを読んで、問題に答えてください。
答えは1・2・3・4の中から一番いいものを1つ選んでください。

＜ユンさんが書いたメール＞

本田さん、今どこですか。
ずっと喫茶店で待っているんですが…。

＜本田さんが書いたメール＞

え、今日ですか。
あさってじゃありませんか。

あさってもですが、今日もです。
今週の日曜日に日本語の試験があるので、
今日も教えてほしいとお願いしましたよ。

ああ、そうでしたね。ごめんなさい。
今、家です。1時間くらい待っていて
もらえますか。

じゃあ、私が本田さんの家に行っても
いいですか。

ええ、どうぞ。

(31) ユンさんは、今どこにいますか。
    1 自分の家です。
    2 学校です。
    3 喫茶店です。
    4 電車の中です。

(32) 本田さんは、これから何をしますか。
    1 家でユンさんを待ちます。
    2 喫茶店に行きます。
    3 ユンさんの家に行きます。
    4 試験を受けます。

問題　2

次の文章を読んで、問題に答えてください。
答えは1・2・3・4の中から一番いいものを1つ選んでください。

　私の国には、海がありませんから、国にいたとき、日本へ行くのを楽しみにしていました。先月、私は日本へ来ました。今は、海の近くにある日本語学校で勉強しています。ひまなとき、友だちと一緒に海を見に行きます。海はとてもきれいです。港から船にのって、近くの島まで行くことができます。今度の休みに友だちと遊びに行きます。

---

(33)　「私」について、文章の内容と合っているのは、どれですか。

　　　1　国には、きれいな海があります。
　　　2　1週間まえに日本へ来ました。
　　　3　船で近くの島へ行きました。
　　　4　時間があるとき、海へ行っています。

問題　3

次の文章を読んで、問題に答えてください。
答えは1・2・3・4の中から一番いいものを1つ選んでください。

　先日、会社の休憩室で先輩の鈴木さんと初めて一緒に昼ご飯を食べました。私は、コンビニで買ったおにぎりとカップラーメンでしたが、先輩の昼ご飯は、自分で作ったお弁当でした。お弁当には、いろいろな野菜が入っていて、体によさそうでした。先輩は、まえは外で食べていたけど、自分で作ったほうが体にいいものが食べられるから、最近はずっとお弁当にしていると言いました。そのとおりだなあと思って、私も自分でお弁当を作ってみました。今日の昼休みに先輩に見せると、「私より上手だね」と言ってくれました。今までは、会社の外で昼ご飯を食べることが多かったですが、これからは、できるだけお弁当にするつもりです。

---

(34)　「私」は、どうして自分でお弁当を作りましたか。
1　体にいい食事をしたいと思いましたから
2　先輩が簡単に作れると言いましたから
3　コンビニで買ったものは、おいしくないですから
4　先輩が作り方を教えてくれましたから

問題　4

次の文章を読んで、問題に答えてください。
答えは1・2・3・4の中から一番いいものを1つ選んでください。

4人に「今年の夏休みに何をしたか」聞きました。

Ａさん

今年は、海に行きました。去年は、とおくへ出かけることができませんでしたから、近くのプールに行きました。私は、プールより海で遊ぶほうが好きですから、とてもうれしかったです。

Ｂさん

友だちに誘われて富士山に登りました。大変なので、あまり行きたくなかったですが、行ってみたら、とても楽しかったです。友だちと一緒にたくさん写真を撮りましたが、山の写真は、あまり撮りませんでした。

Ｃさん

旅行しました。この2年間、全然旅行できませんでしたから、今年は、友だち4人で北海道に行きました。学生のとき、一人で北海道を旅行したことがありますが、友だちとの旅行もとても楽しかったです。

Ｄさん

どこも行けませんでした。私は、自然が好きですから、海や山へ行って、写真を撮りたいと思っていましたが、仕事が忙しくて、休めませんでした。冬休みは、絶対どこかへ行きたいです。

---

(35)　去年できなかったことを今年した人は、だれですか。
1　ＡさんとＣさんです。
2　ＡさんとＤさんです。
3　ＢさんとＣさんです。
4　ＢさんとＤさんです。

(36)　文章の内容と合っているのは、どれですか。
1　Ａさんは、いつもプールで泳いでいます。
2　Ｂさんは、富士山の写真をたくさん撮りました。
3　Ｃさんは、友だちと一緒より一人で旅行するほうが好きです。
4　Ｄさんは、夏休みがありませんでした。

問題 5

次のお知らせを読んで、問題に答えてください。
答えは1・2・3・4の中から一番いいものを1つ選んでください。

2022年10月1日

車で通勤している社員の皆さん

駐車場利用について

　10月17日（月）は、午前10時から午後4時まで社員用駐車場（北駐車場）が利用できません。交通費を出しますので、その日はできるだけバスや電車で通勤してください。

　車で来る場合は、近くの駐車場を利用し、駐車場代は自分で払ってください。南駐車場は、お客様用ですから、絶対に利用しないでください。

　ご不便をおかけしますが、ご協力よろしくお願いいたします。

総務部　山川

---

(37)　いつも車で通勤している社員は、10月17日、どうすればいいですか。
　　1　近くの駐車場を利用して、駐車料金を会社からもらいます。
　　2　午後4時までに北駐車場から車を出します。
　　3　車を使わずに、別の方法で会社へ来ます。
　　4　いつもより早く出勤して、北駐車場に車をとめます。

(38)　お知らせの内容と合っているのは、どれですか。
　　1　北駐車場は、社員のための駐車場です。
　　2　会社の駐車場は、駐車料金がかかります。
　　3　10月17日は、客用の駐車場が使えなくなります。
　　4　10月17日、客は、北駐車場を使うことができます。

問題　6

次のメールを読んで、問題に答えてください。
答えは１・２・３・４の中から一番いいものを１つ選んでください。

＜タンさんから水野課長へ送ったメール＞

水野課長

おつかれさまです。

明日、10 時にＧＢ社で打ち合わせがあります。会社に寄らない
で、家から直接行こうと思いますが、よろしいでしょうか。

打ち合わせのあと、１時頃出社の予定です。

ところで、体の具合はいかがですか。

タン

＜水野課長からタンさんへ送ったメール＞

タンさん

おつかれさまです。今日は早く帰ってしまって、すみませんで
した。少しよくなりました。

明日ですが、渡してほしい書類があるので、それを今日持って
帰ってくれれば、直接行って大丈夫です。

書類は、高畑さんが持っています。

水野

水野課長

承知しました。それではお大事に。

タン

(39) タンさんは、このあとまず、何をしますか。

　　1　ＧＢ社へ行きます。

　　2　うちへ帰ります。

　　3　高畑さんのところへ行きます。

　　4　書類をチェックします。

(40) 水野さんは、タンさんに何を頼みましたか。

　　1　書類を作ることです。

　　2　会社に早く戻ることです。

　　3　水野さんの代わりにＧＢ社へ行くことです。

　　4　ＧＢ社に書類を持って行くことです。

問題　7

次のチラシを読んで、問題に答えてください。
答えは１・２・３・４の中から一番いいものを１つ選んでください。

わかば区　外国人向けアルバイト募集！

店	時給・時間	仕事の内容など
レストラン「みかど」	950 円 週２日以上 16：00-21：00	＜ホール係＞ お客様をテーブルに案内したり、注文を聞いたり、料理を運んだりします。 お客様と日本語で話せる人。時間がまもれる人。
焼き肉屋「天天」	1,000 円 土・日・祝日 18：00-22：00 １日３時間〜OK	＜洗い場＞ 週末と祝日だけのアルバイトです。野菜を洗って切ったり、汚れたお皿を洗ったりします。日本語はあまり使いません。 真面目に働ける人。夕食つきです。
お弁当工場	1,200 円 週１日〜OK 午前１時-５時 １日４時間	＜パック詰め＞ お弁当のパックにおかずを入れる簡単な仕事です。日本語があまり話せなくても大丈夫です。真面目で、遅刻しない人。 わかば駅から無料バスがあります。
コンビニ「さくらマート」	1,400 円 週に２日以上 午後 11 時から 午前 5 時まで	＜レジなど店内の仕事＞ レジの仕事や店の中や外の掃除、しなものを棚に並べる仕事です。お客様と日本語で話せる人。18歳以上で、明るく元気な人。

※　興味のある方は、わかば区役所３階・ジョブセンター受付に来てください。

(41)　サリーさんは、21歳の留学生です。深夜は働きたくありません。日本語は、まだ
　　　　あまり上手ではありません。どれがいいですか。
　　　1　レストラン「みかど」です。
　　　2　焼き肉屋「天天」です。
　　　3　お弁当工場です。
　　　4　コンビニ「さくらマート」です。

(42)　チラシの内容と合っているのは、どれですか。
　　　1　アルバイトをしたい人は、まず、店に電話します。
　　　2　レストラン「みかど」は、遅刻をしない人を欲しがっています。
　　　3　お弁当工場で働く人は、歩いて工場まで行かなければなりません。
　　　4　どの仕事もアルバイトのあと、食事がもらえます。

問題　8

次の文章を読んで、問題に答えてください。
答えは1・2・3・4の中から一番いいものを1つ選んでください。

　私は、25歳の女性です。おしゃれが苦手です。服にあまり興味がないので、学生のときは毎日ジーパンをはいて、夏はTシャツ、冬はセーターという格好をしていました。しかし、社会人になってからは、周りの同僚から「センスがない」「お金がない」などと思われたくなくて、毎日おしゃれな服を着ようと頑張っていました。しかし、考えてみると、男性社員は、毎日スーツです。ワイシャツやネクタイは替えているかもしれませんが、同じ服を着ているように見えます。「男性はそれでいいんだ」と思うと、そんなことは無駄だと思うようになりました。それから私は、白のシャツとくろのズボンを何着か準備して、会社には毎日それを着ていくことにしました。そうすると、着る服について悩む時間がなくなり、朝の時間をゆっくり過ごすことができるようになりました。それに、自分に似合っていたかどうかもわからない服を着ていたときよりも自分に自信が持てるようにもなりました。「毎日同じ服を着る」のは、有名な経営者もしているそうです。私はただの会社員ですが、これからもこのスタイルを続けていきたいです。

---

(43)　「そんなこと」とは、どんなことですか。
　　　1　男性のようにスーツを着ることです。
　　　2　毎日ワイシャツやネクタイを替えることです。
　　　3　おしゃれな服で出勤することです。
　　　4　服が似合っているかどうか心配することです。

(44)　「私」について、文章の内容と合っているのは、どれですか。
　　　1　将来は、有名な経営者になりたいと思っています。
　　　2　社会人になってからおしゃれが好きになりました。
　　　3　学生のときはお金がなくて、毎日同じ格好をしていました。
　　　4　苦手なことをやめたら、自分にとっていいことが増えました。

問題 9

次の文章を読んで、問題に答えてください。
答えは1・2・3・4の中から一番いいものを1つ選んでください。

　私が日本人のうちにホームステイをしたときの話です。ある日、お母さんが晩ご飯に「すき焼き」を作ってくれました。「すき焼き」は、野菜や肉や豆腐などをしょうゆや砂糖などで煮焼きした鍋料理です。私は、写真で見たことはありましたが、実際に見るのも食べるのも初めてでした。かぞくのみなさんは、「すき焼き」は生の卵につけて食べるのがおいしいと言います。私の国では卵を生のまま食べないので、とても驚きました。(ア)それをお母さんに話すと、「無理しなくてもいいよ」と言ってくれましたが、私はせっかく日本文化を体験しに来たのだから食べてみることにしました。でも、生卵はやっぱり変な感じがして、つけないほうがおいしかったです。

　食事のあと、私が「料理の名前は『すき焼き』ですが、いちばん好きな野菜がなかったです。(イ)私にとっては『すき焼き』じゃなかったです」と言うと、みなさんは笑いました。そして、お父さんが「すき焼き」の「すき」は、「好き」という意味じゃないと教えてくれました。昔、農業で使う「鋤」と呼ばれる道具の金属部分を、鍋の代わりに使って魚や豆腐を焼いて食べたことから、「すき焼き」と呼ばれるようになったそうです。それを聞いて、私はちょっと恥ずかしくなりましたが、「すき焼き」について詳しく知ることができて、よかったと思いました。今でも「すき焼き」を食べると、このときのことを思い出します。

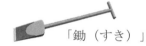

「鋤（すき）」

---

(45)　(ア)「それ」とは、何ですか。
1　「私」の国には卵を生で食べる習慣がないことです。
2　「私」が「すき焼き」を食べたことがないことです。
3　「私」が「すき焼き」をそのまま食べたほうがおいしいと思ったことです。
4　お母さんが作った「すき焼き」に「私」の苦手なものが入っていたことです。

(46)　どうして（イ）「私にとっては『すき焼き』じゃなかったです」と言いましたか。
1　「私」が知っている「すき焼き」と違っていましたから
2　「私」の好きなものが「すき焼き」に入っていませんでしたから
3　「私」は「すき焼き」があまり好きじゃありませんでしたから
4　「すき焼き」は「私」が思っていたよりおいしくなかったですから

3 漢字問題

A 次のひらがなの漢字をそれぞれ1・2・3・4の中から1つ選んでください。

(47) 今日は、風が<u>つよい</u>です。
    1 弱い   2 強い   3 暑い   4 遠い

(48) 私の<u>あね</u>は、医者です。
    1 姉   2 妹   3 兄   4 弟

(49) この道を<u>とおって</u>はいけません。
    1 歌って   2 習って   3 光って   4 通って

(50) 私は、<u>あき</u>が好きです。
    1 薬   2 秋   3 春   4 首

(51) <u>はしって</u>駅まで行きました。
    1 走って   2 回って   3 売って   4 乗って

(52) <u>きゅう</u>にバスが止まりました。
    1 心   2 声   3 急   4 力

(53) あの<u>たてもの</u>は、何ですか。
    1 建物   2 地図   3 病院   4 市民

(54) 好きなチームが優勝することを<u>きたい</u>しています。
    1 希望   2 期間   3 期限   4 期待

(55) 部長に<u>おこられ</u>ました。
    1 散られ   2 守られ   3 怒られ   4 断られ

(56) 立派な<u>はし</u>が完成しました。
    1 虫   2 塩   3 橋   4 種

B 次の漢字の読み方を例のようにひらがなで書いてください。

・ひらがなは、ただしく、ていねいに書いてください。
・漢字の読み方だけ書いてください。

（例） はやく書いてください。

---

(57)　黒いくつを買いました。

(58)　家族は、ベトナムにいます。

(59)　広い庭ですね。

(60)　今日は、特にあついですね。

(61)　どんな計画がありますか。

(62)　毎日運動しています。

(63)　課長は、とても親切です。

(64)　息が苦しいです。

(65)　資料を配ってください。

(66)　この手紙は、速達でお願いします。

4 記述問題

A　例のように＿＿＿＿に合う言葉を入れて文をつくってください。

> ・文字は、**ただしく、ていねいに**書いてください。
> ・漢字で書くときは、**今の日本の漢字をただしく、ていねいに**書いてください。
>
> （例）　きのう、＿＿＿＿＿＿でパンを＿＿＿＿＿＿。
> 　　　　　　　　　（A）　　　　　　　　　（B）

（例）	（A）	スーパー	（B）	買いました

(67)

私はいつも、寝る＿＿＿＿＿＿に、おふろに＿＿＿＿＿＿ます。
　　　　　　　　　　　（A）　　　　　　　　　　（B）

(68)

A：疲れましたね。

B：ええ、あそこでコーヒーでも＿＿＿＿＿＿ながら、少し＿＿＿＿＿＿ましょう。
　　　　　　　　　　　　　　　　（A）　　　　　　　　　　（B）

(69)

会社の寮は、家賃も＿＿＿＿＿＿し、駅からも＿＿＿＿＿＿し、気に入っています。
　　　　　　　　　　　（A）　　　　　　　　　（B）

(70)

A：あれ？　トイレの＿＿＿＿＿＿がついていますね。
　　　　　　　　　　　　（A）

B：変ですね。＿＿＿＿＿＿もいないはずですが・・・。
　　　　　　　　（B）

B 例のように３つの言葉を全部使って、会話や文章に合う文をつくってください。

・【　　　】の中の文だけ書いてください。
・1.→2.→3.の順に言葉を使ってください。
・言葉の＿＿の部分は、形を変えてもいいです。
・文字は、ただしく、ていねいに書いてください。
・漢字で書くときは、今の日本の漢字をただしく、ていねいに書いてください。

（例）

きのう、【　1．どこ　→　2．パン　→　3．買う　】か。

（例）	どこでパンを買いました

(71)

今朝、【　1．先生　→　2．会う　→　3．とき　】、「おはようございます」と
言いました。

(72) （パーティーで）

カイ：あそこで【　1．ピアノ　→　2．弾く　→　3．人　】は、どなたですか。
　　　とても上手ですね。
柴田：ええ。あの方は、和田さんの娘さんですよ。

(73) （会社で）

Ａ：【　1．忘れる　→　2．ように　→　3．たいせつ　】ことはメモしてください。
Ｂ：はい、わかりました。

(74) （会社で）

社員：社長、私が【　1．お宅　→　2．車　→　3．送る　】いたします。
社長：ありがとう。頼むよ。

──── このページには問題はありません。────

J.TEST

実用日本語検定

聴解試験
（ちょうかいしけん）

1 写真問題 (問題1〜6)

例題

れい　● ② ③ ④　（答えは解答用紙にマークしてください）

A　問題1

- 176 -

B　問題2

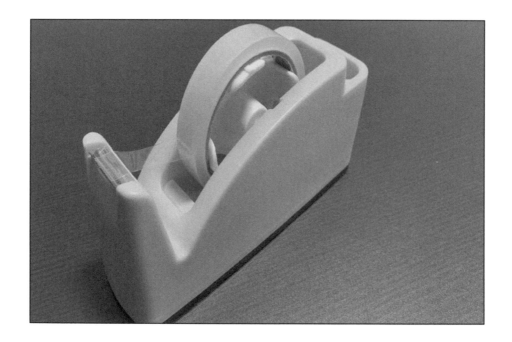

C　問題3

D　問題4

E　問題5

F 　問題6

2 聴読解問題 (問題7〜12)

例題

① ② ③ ④

れい　① ② ③ ●　(答えは解答用紙にマークしてください)

G　問題7

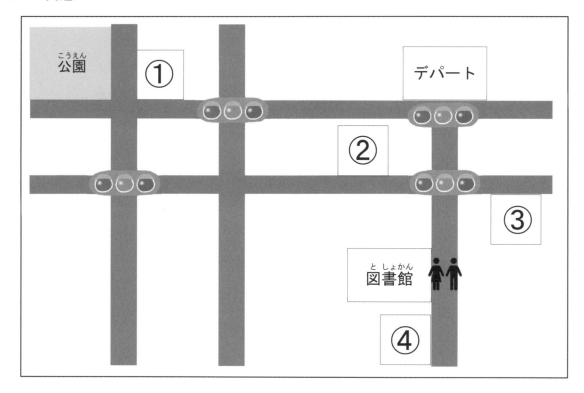

公園　① デパート

②

③

図書館

④

H 　問題8

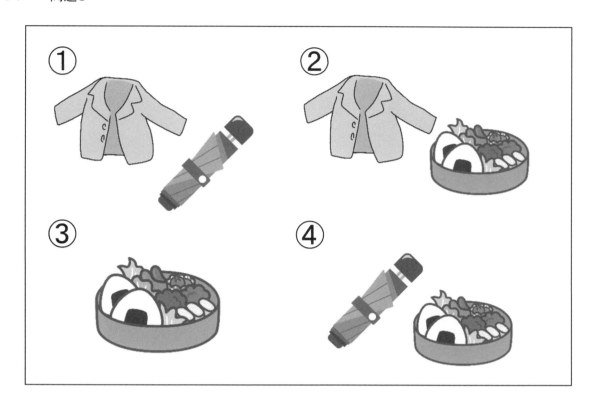

I 　問題9

月	火	水	木	金
	1	2	3 ①	4 ②
7 ③	8 ④	9	10	11

① チンさん

② 課長

③ 森本さん

④ グエンさん

L　<ruby>問題<rt>もんだい</rt></ruby>12

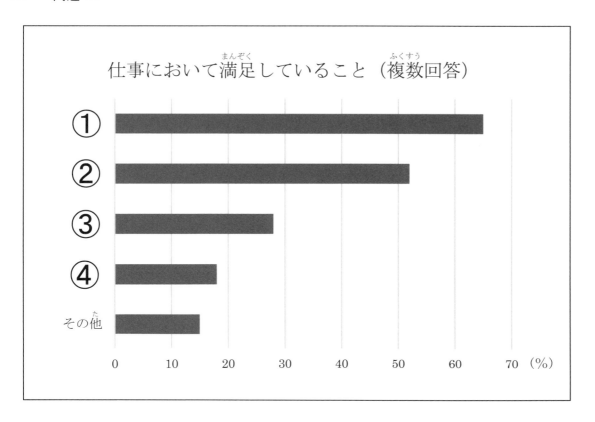

3 応答問題 (問題13～28)

（問題だけ聞いて答えてください。）

		れい1	●	②	③
例題1	→				
例題2	→	れい2	①	●	③

（答えは解答用紙にマークしてください）

問題13

問題14

問題15

問題16

問題17

問題18

問題19

メモ（MEMO）

問題20

問題21

問題22

問題23

問題24

問題25

問題26

問題27

問題28

4 会話・説明問題 (問題29〜38)

例題		1 耳が痛いですから
		2 頭が痛いですから
		3 歯が痛いですから

れい　①　●　③　　（答えは解答用紙にマークしてください）

1

問題29　1　山です。
　　　　2　海です。
　　　　3　家の中です。

問題30　1　これからも東京に住みたいと思っています。
　　　　2　大学生活は、つまらなかったと思っています。
　　　　3　いなかで子どもを育てたほうがいいと思っています。

2

問題31　1　電車が止まっていますから。
　　　　2　寝坊しましたから。
　　　　3　体調が悪いですから。

問題32　1　資料を作ります。
　　　　2　部長に資料を渡します。
　　　　3　会議に参加します。

3

問題33　1　中国人の友だちができましたから。
　　　　2　中国に出張しますから。
　　　　3　中国の映画に興味がありますから。

問題34　1　ラジオ番組を聞きます。
　　　　2　テレビ番組を見ます。
　　　　3　教室に通います。

4

問題35　1　打ち合わせに出ることです。
　　　　2　会社説明会の準備をすることです。
　　　　3　客に新製品について説明することです。

問題36　1　昼ご飯を食べに行きます。
　　　　2　サンライズ貿易に連絡します。
　　　　3　南さんに仕事を頼みます。

5

問題37　1　案内の説明文を直します。
　　　　2　印刷会社に連絡します。
　　　　3　以前の担当者と話します。

問題38　1　女の人は、デザインはいいと思っています。
　　　　2　男の人は、写真は必要ないと思っています。
　　　　3　印刷には時間がかかります。

おわり

実用日本語検定

TEST OF PRACTICAL JAPANESE

J.TEST

受験番号		氏　名	

注　意

1　試験が始まるまで、この問題用紙を開けないでください。

2　この問題用紙は、全部で３４ページあります。

日本語検定協会／J.TEST事務局

J.TEST

実用日本語検定

読 解 試 験

1 文法・語彙問題

A 次の文の（　　　）に１・２・３・４の中から一番いい言葉を入れてください。

（1）　このコピー機は、変なおと（　　　）します。
　　　　　1　が　　　　　　2　を　　　　　　3　に　　　　　　4　で

（2）　お客さま、こちら（　　　）おかけください。
　　　　　1　を　　　　　　2　と　　　　　　3　に　　　　　　4　が

（3）　（　　　）そうな本を読んでいますね。
　　　　　1　むずかしい　　2　むずかしくて　3　むずかしく　　4　むずかし

（4）　部長は、たばこのにおいを（　　　）がります。
　　　　　1　いやの　　　　2　いや　　　　　3　いやだ　　　　4　いやな

（5）　明日は、雨が（　　　）でしょう。
　　　　　1　降って　　　　2　降った　　　　3　降る　　　　　4　降れ

（6）　エアコンを（　　　）ずに、出かけてしまいました。
　　　　　1　消し　　　　　2　消さ　　　　　3　消そう　　　　4　消す

（7）　社長は、もう（　　　）ました。
　　　　　1　来ようと　　　2　来させて　　　3　来られ　　　　4　来なくて

（8）　みんなの協力の（　　　）、仕事が早く終わりました。
　　　　　1　かわりに　　　2　つもりで　　　3　ことから　　　4　おかげで

（9）　清水：「部長、家を買ったんですか。すごいですね」
　　　　　部長：「買った（　　　）小さな家だよ」
　　　　　1　というより　　2　といっても　　3　とおりに　　　4　としたら

（10）　橋本：「（　　　）大切な物は何ですか」
　　　　　木村：「子どもが描いてくれた絵です」
　　　　　1　木村さんにとって　　　　　　　2　木村さんとくらべて
　　　　　3　木村さんとともに　　　　　　　4　木村さんとみえて

B　次の文の（　　　）に1・2・3・4の中から一番いい言葉を入れてください。

(11)　課長の趣味は、（　　　）をすることです。
　　　1　のりもの　　　　2　びじゅつかん　　3　れきし　　　　4　つり

(12)　私の父は、（　　　）です。
　　　1　コンサート　　　2　ユーモア　　　　3　ガソリン　　　4　エンジニア

(13)　もう2時です。おなかが（　　　）ね。
　　　1　こみました　　　2　すきました　　　3　さわぎました　4　ふえました

(14)　わからないことがあれば、（　　　）質問してください。
　　　1　もっとも　　　　2　もうすぐ　　　　3　どんどん　　　4　とうとう

(15)　体の（　　　）がよくないです。
　　　1　ぐあい　　　　　2　ばあい　　　　　3　るす　　　　　4　すもう

(16)　最近、ものの値段が（　　　）います。
　　　1　ふいて　　　　　2　あがって　　　　3　わいて　　　　4　おりて

(17)　一日じゅうテレビを見ているのは、時間の（　　　）です。
　　　1　むだ　　　　　　2　不便　　　　　　3　得意　　　　　4　かんたん

(18)　野村さんは、星野さんと（　　　）です。
　　　1　おとなしい　　　2　おそろしい　　　3　くわしい　　　4　したしい

(19)　食事の（　　　）に気をつけましょう。
　　　1　パイロット　　　2　ストップ　　　　3　マナー　　　　4　ドラマ

(20)　部長のお子さんは、顔が部長と（　　　）ですね。
　　　1　そっくり　　　　2　ぐっすり　　　　3　いらいら　　　4　がらがら

C 次の文の＿＿＿の意味に一番ちかいものを１・２・３・４の中から選んでください。

(21) 部長から贈り物をもらいました。
　　　1　エアメール　　　2　プレゼント　　　3　チケット　　　4　チャンス

(22) 何かあったら、つたえてください。
　　　1　しらせて　　　2　メモして　　　3　たのんで　　　4　きいて

(23) ここからの景色は、とてもうつくしいです。
　　　1　めずらしい　　　2　きれい　　　3　こわい　　　4　はずかしい

(24) ここでは、たばこはご遠慮ください。
　　　1　は吸ってもいいです　　　　　　　2　を吸う人が多いです
　　　3　は吸いたくないです　　　　　　　4　を吸わないでください

(25) 約束の時間に遅れるときは、ぜったいに連絡します。
　　　1　かならず　　　2　もちろん　　　3　なるべく　　　4　やはり

(26) 社員以外にもこの資料を見せてもいいことになっています。
　　　1　そうです　　　　　　　　　　2　と思います
　　　3　というのがルールです　　　　4　というのはまちがいです

(27) いつ召し上がりますか。
　　　1　食べます　　　2　来ます　　　3　見ます　　　4　聞きます

(28) 昨日は、かぜがはげしく吹いていました。
　　　1　やさしく　　　2　つよく　　　3　ときどき　　　4　ずっと

(29) 若い時、3年間東京で暮らした。
　　　1　訓練した　　　2　勉強した　　　3　成功した　　　4　生活した

(30) 多少遅れても、だいじょうぶです。
　　　1　どんなに　　　2　たぶん　　　3　すこし　　　4　かなり

—— このページには問題はありません。——

2 読解問題

問題 1

次のメールを読んで、問題に答えてください。
答えは1・2・3・4の中から一番いいものを1つ選んでください。

これは、佐々木さんとリーさんのメールです。

（佐々木さんが書いたメール）

> リーさん、今度、私の家で晩ご飯をいっしょに食べませんか。
> 私が日本料理を作ります。谷村さんも来ますよ。

（リーさんが書いたメール）

> わあ、いいですね。いつですか。

> 谷村さんは、20日か21日がいいそうです。
> リーさんはどうですか。

> 私は、20日はちょっと…。
> 21日の夜だったら、行けます。

> じゃ、その日にしましょう。
> 時間は6時と7時とどちらにしましょうか。

> 6時がいいです。
> 私も何か中国料理をもって行きます。

> わあ、ありがとうございます。
> じゃ、日にちと時間をすぐ、谷村さんに言いますね。

(31)　3人は、いつ集まりますか。

1　20日の6時です。

2　20日の7時です。

3　21日の6時です。

4　21日の7時です。

(32)　佐々木さんは、このあと、まず何をしますか。

1　レストランを予約します。

2　日本料理を作ります。

3　中国料理を作ります。

4　谷村さんに連絡します。

問題　2

次の文章を読んで、問題に答えてください。
答えは1・2・3・4の中から一番いいものを1つ選んでください。

先日、友だちに私の国のおみやげをあげたとき、みんなが「ありがとう、いただきます」と言ったので、私は、「すみません。それは、<u>食べられません</u>」と言いました。「いただきます」は、ごはんを食べるときに使うからです。すると、みんなが笑いました。友だちの一人が、「人から何かもらったときにも言うんだよ」と教えてくれました。私は、日本語をもっと勉強しなければならないと思いました。

---

(33)　「私」は、どうして「<u>食べられません</u>」と言いましたか。

1　おみやげは、食べ物ではありませんでしたから
2　おみやげは、私が嫌いなものでしたから
3　まだ、食事の時間ではありませんでしたから
4　おなかがいっぱいでしたから

問題　3

次の文章を読んで、問題に答えてください。
答えは１・２・３・４の中から一番いいものを１つ選んでください。

　私の会社の前田さんは、しばらく会社を休んでいます。前田さんには、このあいだ、お子さんが生まれました。前田さんの奥さん一人で赤ちゃんの世話をするのは、大変です。ですから、前田さんも会社を休んで、奥さんといっしょに赤ちゃんの世話をしているのだそうです。会社を休む前、私は、前田さんから仕事についていろいろ教えてもらいました。前田さんがいなくても、仕事がきちんとできるようにしなければならないからです。去年私が病気で入院したときは、前田さんが私の仕事もしてくれました。今度は、私が前田さんの仕事をします。

---

(34)　前田さんは、どうして「しばらく会社を休んでいます」か。

1　これから赤ちゃんが生まれますから
2　病気で入院していますから
3　赤ちゃんの世話をしていますから
4　前田さんの妻が病気ですから

問題　4

次の文章を読んで、問題に答えてください。
答えは１・２・３・４の中から一番いいものを１つ選んでください。

４人に「携帯電話でよく何をするか」聞きました。

Ａさん	Ｂさん
家にいるときも、電車に乗っているときも、ゲームをよくします。特にサッカーのゲームが好きです。今、私は一人で住んでいます。だれも注意をしませんから、ゲームばかりしています。	去年、家族とインドネシアから来ました。インターネットにつないで国であったことを調べます。日本にいても、国のことがわかりますから、便利です。書いてあることを読んで、妻と話します。
Ｃさん	Ｄさん
国の家族と話します。ビデオを使って、家族の顔を見ながら話すことができますから、うれしいです。昨日は、家族と１時間も話しました。一人でアパートに住んでいますが、さびしくないです。	私は、映画を見るのが好きです。携帯電話を使って、いろいろな映画を見ることができます。私はベトナム人ですが、一緒に住んでいる友だちは中国人です。二人でよく日本映画を見ます。

---

(35)　国のニュースをよく読むのは、だれですか。

　　　1　Ａさんです。
　　　2　Ｂさんです。
　　　3　Ｃさんです。
　　　4　Ｄさんです。

(36)　今、一人で生活しているのは、だれですか。

　　　1　ＡさんとＢさんです。
　　　2　ＡさんとＣさんです。
　　　3　ＢさんとＣさんです。
　　　4　ＢさんとＤさんです。

問題　5

次のお知らせを読んで、問題に答えてください。
答えは１・２・３・４の中から一番いいものを１つ選んでください。

令和4年10月7日

社員各位

社員旅行について

赤吉山にのぼって、もみじの景色を楽しみましょう。
　会社から赤吉山のちかくの駐車場までバスで行きます。そこから山の一番上まで歩いて1時間です。ご家族でぜひご参加ください。

　　　　　日　時：11月26日（土）　9時〜15時
　　　　　お　金：1000円（12歳以下は500円）

（申し込み）申し込み用紙に参加する人全員の名前を書いて、10月31日までに
　　　　　　総務課に出してください。そのときにお金も払ってください。

（注意）・お昼ごはんや飲み物は、自分で準備してください。
　　　　・雨のときは、社員旅行をしません。お金は返します。

---

(37)　社員旅行に参加したい人は、どうしますか。

　1　10月31日までに総務課に申し込み用紙を出して、お金を払います。

　2　総務課の人に参加する人の名前を言って、旅行の日にお金を払います。

　3　名前を書いた紙とお金を、11月26日までに総務課に出します。

　4　メールで申し込んで、10月31日までに総務課でお金を払います。

(38)　お知らせの内容と合っているのは、どれですか。

　1　子どもは、お金がかかりません。

　2　社員旅行は、雨でも行われます。

　3　赤吉山の一番上までは、バスで行く予定です。

　4　お昼ごはんは、自分でもって行かなければなりません。

問題　6

次のメールを読んで、問題に答えてください。
答えは１・２・３・４の中から一番いいものを１つ選んでください。

＜ロナルドさんから鈴木さんへ送ったメール＞

鈴木さん
お疲れ様です。スマイル銀行の田中さんから電話がありました。今日15時にいらっしゃる予定を、14時に変えてもいいかということです。
どうしますか。
ロナルド

＜鈴木さんからロナルドさんへ送ったメール＞

ロナルドさん
私が会社に戻るのは14時をすこし過ぎると思います。スマイル銀行との会議は、先にロナルドさんだけで始めてくれませんか。14時過ぎに戻ったら、すぐに私もしゅっせきしますので。
鈴木

鈴木さん
わかりました。では、そのように田中さんに返事をします。A会議室に来てください。
よろしくお願いします。
ロナルド

(39)　ロナルドさんは、このあと、田中さんにどのように返事をしますか。

　　1　14時に来てもいいと返事をします。

　　2　15時のままでお願いしたいと返事をします。

　　3　鈴木さんが決めるのでわからないと返事をします。

　　4　今日ではなく、別の日にしたいと返事をします。

(40)　メールの内容と合っているものはどれですか。

　　1　田中さんは、会議の時間を遅くしたいです。

　　2　鈴木さんは、会議が始まる前に会社に戻ります。

　　3　会議は、田中さんとロナルドさんで始めます。

　　4　鈴木さんは、会議に出ません。

問題　7

次のお知らせを読んで、問題に答えてください。
答えは１・２・３・４の中から一番いいものを１つ選んでください。

みどりデパートアルバイト募 集！

①カフェ

仕事：ウェイトレス

時給：1000 円

時間：10：00－15：00

　　　または、16：00－21：00

・週２日以上働ける人

・お客さんの注文を聞いた
　り、料理を運んだりします。

②ベーカリー

仕事：パンをつくる手伝い

時給：10 時まで 1100 円

　　　10 時以降 1000 円

時間：7：00－13：00 の間で
　　　相談。　4時間以上

・週３日以上働ける人

・経験がなくてもOKです。

③和食レストラン

仕事：調理手伝い

時給：1200 円

時間：16：00－22：00

・週４日以上働ける人

・経験がなくてもOK。日本料
　理の作り方を教えます。

④受付

仕事：外国人のお客様の案内

時給：1500 円

時間：10：00－20：00 の間で
　　　相談

・日本語、英語、中国語ができ
　て、週２日以上働ける人

・明るい人、大歓迎です。

応募：下記アドレスへ履歴書を送ってください。
　　　お問い合わせもお気がるにどうぞ。
　　　saiyou@midori-departmentstore.XX.jp
　　　03-4567-XXXX（平川）

(41)　ヨンさんは、日本に来たばかりで、まだ日本語があまり話せません。お客様の前に出ないで、できるだけ多く給料がもらえるアルバイトがしたいです。どこでアルバイトをしますか。

1　カフェです。

2　ベーカリーです。

3　和食レストランです。

4　受付です。

(42)　ポリーさんは、パンを作るアルバイトに応募します。アルバイトを募集している全部の時間で働くと、一日にいくらもらえますか。

1　6,000円です。

2　6,300円です。

3　6,600円です。

4　7,000円です。

問題　8

次の文章を読んで、問題に答えてください。
答えは１・２・３・４の中から一番いいものを１つ選んでください。

　私のふるさとには、古いお寺がたくさんあります。とても多いですから、すべてのお寺を見るのに、１週間くらいかかります。いちばん有名なお寺は、1000 年以上前に建てられました。広くて、静かで、私の大好きな場所です。入り口はいつでも開いていますから、だれでも、好きな時間に散歩をすることができます。

　さいきん、私の町へいろいろな国の観光客が来るようになりました。ですから、町の中には外国語の説明が多くなったと思います。外国語を勉強している若い人も多くなりました。私は、とてもいいことだと思います。先月、私は、外国人に道を教えました。「ありがとう」と言ってくれて、とてもうれしかったです。

　来年、駅の建物が新しくなります。駅のビルが大きくなって店がたくさん入るそうです。そして、バスの乗り場もできて、とおくの都市との交通が便利になるそうです。そして、そのころには、町の中を回る観光バスもできる予定です。ぜひ、みなさんも私のふるさとへ来てください。

---

(43)　「いろいろな国の観光客が来るように」なって、町がどう変わりましたか。
　　１　お寺の中を歩けるようになりました。
　　２　日本語を教える学校が多くなりました。
　　３　道に迷う人が多くなりました。
　　４　外国語の説明が多くなりました。

(44)　「私」のふるさとの町について、文章の内容と合っているのは、どれですか。
　　１　古くて有名なお寺があります。
　　２　来年、鉄道の駅ができます。
　　３　人が多くて、静かではありません。
　　４　町の中を回る観光バスがあります。

問題　9

次の文章を読んで、問題に答えてください。
答えは1・2・3・4の中から一番いいものを1つ選んでください。

　日本に来て驚くのは、おじいさんやおばあさんが働いているのをよく目にすることだ。私の国では、ある程度の年齢になったら、仕事をやめて、近所の人とお茶を飲んでしゃべったり、孫の世話をしたりして、のんびり過ごしている人が多い。ある日、いつも食品を買うスーパーに行って、そこで働いているおばあさんに、年を取っているのに働くのは大変じゃないかと聞いてみた。そのおばあさんは、「大変な時もあるよ。でもただ家にいるより、外に出て働くほうがいいよ。社会の役に立っていると思うと、やる気が出て、元気になるさ」と答えてくれた。

　私は、のんびりするより働くほうがいいなんて面白い考え方だなと思った。そのときは、よくわからなかったが、今は、日本人らしい考え方だと思う。いろいろな考え方があるのはいいことだ。あのおばあさんのようなまじめな人が、今の日本を作ってきたのだろうとも考えた。日本には、「人生 100 年時代」という言葉もあるらしい。きっと、これからも、おおぜいの日本人が、高齢になっても働くのではないだろうか。

　しかし、やはり私は、おばあさんになったら、毎日好きなことだけをしてのんびりしたいと思う。今の私は、そう考えたほうが、やる気が出るからだ。

---

(45)　「私」は、日本に来てどんなことに驚きましたか。

　　1　年を取った人がのんびり過ごしていることです。

　　2　年を取った人がおおぜい働いていることです。

　　3　いつも行くスーパーのおばあさんと日本語で話せたことです。

　　4　おばあさんなのに、やる気を出して働けることです。

(46)　文章の内容と合っているのは、どれですか。

　　1　おばあさんは、大変なので家でのんびりしたいと言いました。

　　2　「私」は、おばあさんを珍しい日本人だと思っています。

　　3　日本では、たくさん働かない人のほうが、長生きをします。

　　4　「私」は、自分が年を取ったらのんびり過ごしたいと考えています。

3 漢字問題

A 次のひらがなの漢字をそれぞれ1・2・3・4の中から1つ選んでください。

(47) 私は、チンさんより背がひくいです。
　　　1 暗い　　　　　2 低い　　　　　3 短い　　　　　4 悪い

(48) いもうとを迎えに行きます。
　　　1 兄　　　　　　2 弟　　　　　　3 姉　　　　　　4 妹

(49) このかばんは、とてもおもいです。
　　　1 強い　　　　　2 遠い　　　　　3 重い　　　　　4 近い

(50) 私は、ふゆが好きじゃありません。
　　　1 秋　　　　　　2 夏　　　　　　3 春　　　　　　4 冬

(51) 子どもがうたっています。
　　　1 歌って　　　　2 走って　　　　3 持って　　　　4 通って

(52) 部屋にひかりが入ります。
　　　1 世　　　　　　2 光　　　　　　3 池　　　　　　4 林

(53) この前のたいふうは、ひどかったですね。
　　　1 大雨　　　　　2 上着　　　　　3 台風　　　　　4 洋服

(54) せつぞくに時間がかかります。
　　　1 接続　　　　　2 登録　　　　　3 面接　　　　　4 録音

(55) かなしい話をききました。
　　　1 美しい　　　　2 悲しい　　　　3 優しい　　　　4 難しい

(56) 部長は、せきをはずしています。
　　　1 窓　　　　　　2 指　　　　　　3 席　　　　　　4 息

B　次の漢字の読み方を例のようにひらがなで書いてください。

・ひらがなは、ただしく、ていねいに書いてください。
・漢字の読み方だけ書いてください。

（例）　はやく書いてください。　　［　　|（例）　　　か　　　|

(57)　もっとうすい味が好きです。

(58)　展覧会が中止になったことを知っていますか。

(59)　軽いかばんを買いたいです。

(60)　バスは、8時に出発します。

(61)　野菜を買います。

(62)　地図は、ありますか。

(63)　父は、森で仕事をしています。

(64)　夢があるのは、いいことです。

(65)　困っている人を助けました。

(66)　メニューの種類が多くて、決められません。

4 記述問題

A 例のように＿＿＿＿＿に合う言葉を入れて文をつくってください。

- 文字は、**ただしく、ていねいに書**いてください。
- 漢字で書くときは、**今の日本の漢字をただしく、ていねいに書**いてください。

（例） きのう、＿＿＿＿＿＿＿＿でパンを＿＿＿＿＿＿＿＿。
                       （A）   （B）

（例）	(A)	スーパー	(B)	買いました

（67）
朝、歯を＿＿＿＿＿＿＿＿から、＿＿＿＿＿＿＿＿をあびました。
            （A）   （B）

（68）
ワン：言葉がむずかしくて、よくわかりません。＿＿＿＿＿＿＿＿日本語でお願いします。
                                  （A）

佐藤：わかりました。じゃあ、＿＿＿＿＿＿＿＿からもう一度、話しますね。
                      （B）

（69）（会社で）
木下：山田さん、今日も残業ですか。＿＿＿＿＿＿＿＿すぎないでくださいね。
                             （A）

山田：いえいえ、今、＿＿＿＿＿＿＿＿ところです。今日は、仕事が早く終わりましたから。
                 （B）

（70）
家族で住む＿＿＿＿＿＿を建てるために、ずっとお金を＿＿＿＿＿＿＿＿きました。
              （A）   （B）

B　例のように３つの言葉を全部使って、会話や文章に合う文をつくってください。

・【　　　】の中の文だけ書いてください。
・１．→２．→３．の順に言葉を使ってください。
・言葉の＿＿の部分は、形を変えてもいいです。
・文字は、ただしく、ていねいに書いてください。
・漢字で書くときは、今の日本の漢字をただしく、ていねいに書いてください。

（例）

きのう、【　１．どこ　　→　２．パン　　→　３．買う　】か。

（例）	どこでパンを買いました

(71)
【　１．昼ご飯　→　２．食べる　→　３．あとで　】公園へ行きましょう。

(72)
Ａ：ここにある３つの
　　【　１．くだもの　→　２．どれ　→　３．いちばん　】好きですか。
Ｂ：りんごです。

(73)
夕方、【　１．急に　→　２．雨　→　３．降る　】だしました。

(74)
とてもいそいでいたので、
【　１．部屋　→　２．まど　→　３．開ける　】まま、家を出ました。

──── このページには問題はありません。────

J.TEST

実用日本語検定

聴 解 試 験
（ちょうかいしけん）

1 写真問題 (問題1〜6)

例題

れい　●　②　③　④　　（答えは解答用紙にマークしてください）

A　問題1

B 問題2

C 問題3

D 問題4

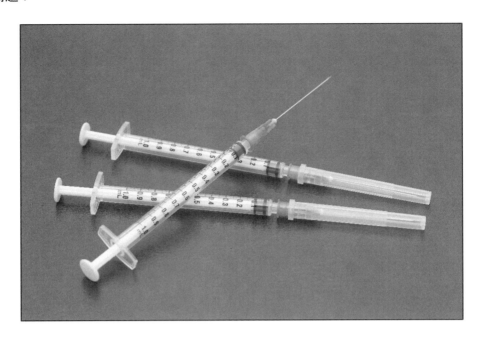

E 問題5

F　問題6

2 聴読解問題 (問題7〜12)

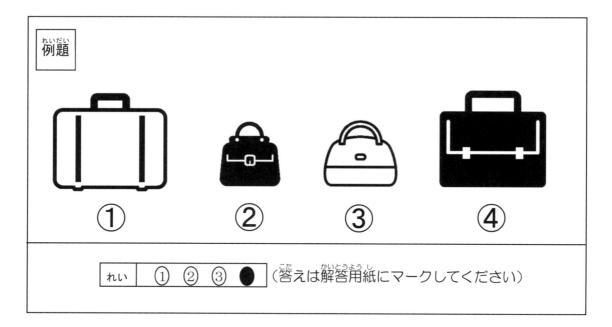

G 問題7

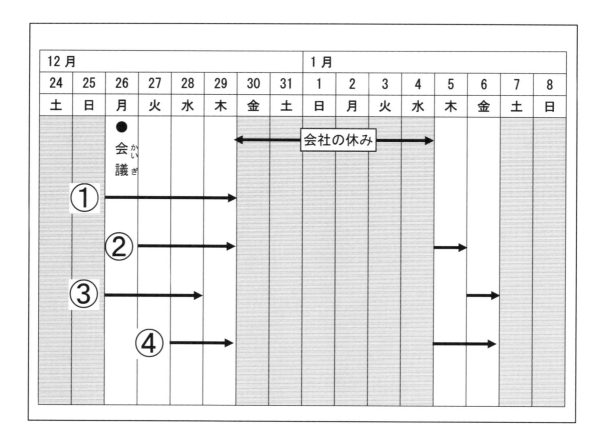

① 「ラーメン」1つと「サラダ」1つ

② 「ラーメン」1つと「定食」1つと「コーヒー」1つ

③ 「定食」1つと「サラダ」1つと「コーヒー」2つ

④ 「定食」1つと「コーヒー」2つ

9：00	朝のミーティング（15分　全員）
9：30	作業：荷物を送る
	①
11：00	営業部の会議（30分　部長と課長）
	②
11：20	ＮＫ社　清水様　来社（栗田さん）
	③
12：30	栗田さん　外出（シマダ商事へ　会社には戻らない）
	④
17：00	仕事　終わり

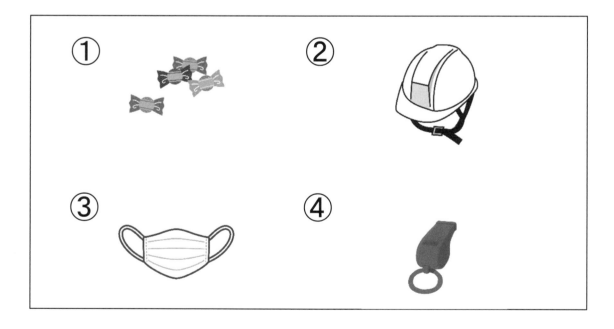

① ② ③ ④

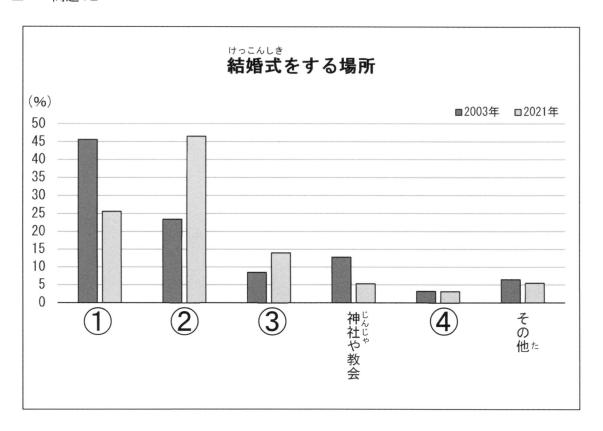

結婚式をする場所

3 応答問題 (問題13〜28)

(問題だけ聞いて答えてください。)

例題1	→	れい1
例題2	→	れい2

れい1　● ② ③
れい2　① ● ③

(答えは解答用紙にマークしてください)

問題13

問題14

問題15

問題16

問題17

問題18

問題19

問題20

問題21

問題22

問題23

問題24

問題25

問題26

問題27

問題28

メモ (MEMO)

4 会話・説明問題 (問題29～38)

例題	1 耳が痛いですから
	2 頭が痛いですから
	3 歯が痛いですから

| れい | ① ● ③ | （答えは解答用紙にマークしてください） |

1

問題29　1　田中さんです。
　　　　2　課長です。
　　　　3　社長です。

問題30　1　社長室へ行きます。
　　　　2　課長が帰ってきたら聞いてみます。
　　　　3　田中さんにライターを渡します。

2

問題31　1　資料をコピーします。
　　　　2　資料を課長の机の上に置きます。
　　　　3　客に電話します。

問題32　1　会議にしゅっせきします。
　　　　2　本社へ行きます。
　　　　3　うちへ帰ります。

3

問題33　1　お金です。

　　　　2　お金と本です。

　　　　3　お金と絵の道具です。

問題34　1　友だちがお金を貸してほしいと言いましたから

　　　　2　友だちのほしい物が何か、よくわかりませんから

　　　　3　友だちが病院にお金をもって行けなかったかもしれませんから

4

問題35　1　家賃を払います。

　　　　2　アルバイトのめんせつを受けます。

　　　　3　両親に会います。

問題36　1　今、仕事をしていませんから

　　　　2　両親に給料を渡しましたから

　　　　3　友だちにお金を貸しましたから

5

問題37　1　知らない間にまどの外の景色が変わっていましたから

　　　　2　電車の中で、携帯電話が壊れていることに気がつきましたから

　　　　3　いつの間にか知らない街まで来ていましたから

問題38　1　携帯電話の会社で仕事をしています。

　　　　2　木の葉が赤くなったことをニュースで知りました。

　　　　3　毎日電車で携帯電話を使っています。

おわり

第1回 J.TEST実用日本語検定（D-Eレベル）
正解とスクリプト

■ 読解・記述問題　350点

《 文法語彙問題 》 各5点（計150点）			《 読解問題 》 各5点（計80点）		《 漢字問題Ａ 》 各4点（40点）
1) 2	11) 3	21) 4	31) 1	41) 1	47) 2
2) 2	12) 1	22) 3	32) 4	42) 4	48) 1
3) 4	13) 3	23) 2	33) 2	43) 1	49) 4
4) 1	14) 1	24) 4	34) 3	44) 2	50) 2
5) 1	15) 4	25) 1	35) 4	45) 3	51) 3
6) 3	16) 2	26) 3	36) 3	46) 4	52) 1
7) 4	17) 2	27) 1	37) 2		53) 3
8) 2	18) 4	28) 3	38) 1		54) 4
9) 1	19) 2	29) 1	39) 3		55) 4
10) 4	20) 3	30) 3	40) 2		56) 2

《 漢字問題Ｂ 》 各4点（40点）　＊漢字問題Ａ＋Ｂ＝計80点
- 57) えいが
- 58) ふゆ
- 59) いぬ
- 60) りょかん
- 61) うんどう
- 62) さむ
- 63) あんしん
- 64) ほし
- 65) まか
- 66) どりょく

解答例　《 記述問題Ａ 》 各5点（20点）　＊(A)と(B)が両方正解で5点。部分点はありません。
- 67)（A）どう　　　　（B）よくなかった
- 68)（A）終わっ　　　（B）泳いで
- 69)（A）おいし　　　（B）いっぱい
- 70)（A）具合　　　　（B）飲め

解答例　《 記述問題Ｂ 》 各5点（20点）＊部分点はありません。　＊記述問題Ａ＋Ｂ＝計40点

> 71) もっときれいにし
> 72) 公園の前を通って
> 73) ぼうしをかぶったまま
> 74) さっき田中さんに買ってきて

■ 聴解問題　350点

《写真問題》 各5点（計30点）	《聴読解問題》 各10点（計60点）	《 応答問題 》 各10点（計160点）		《 会話・説明問題 》 各10点（計100点）
1) 3	7) 2	13) 3	23) 1	29) 2
2) 4	8) 2	14) 3	24) 3	30) 3
3) 2	9) 4	15) 2	25) 3	31) 3
4) 4	10) 1	16) 2	26) 2	32) 1
5) 1	11) 2	17) 1	27) 3	33) 2
6) 2	12) 3	18) 1	28) 2	34) 3
		19) 3		35) 1
		20) 2		36) 2
		21) 1		37) 3
		22) 3		38) 2

第1回 D-Eレベル　聴解スクリプト

例題の写真を見てください。
例題　これは、何ですか。
1　コップです。
2　いすです。
3　ノートです。
4　えんぴつです。

一番いいものは1です。ですから、例のように1を
マークします。

Aの写真を見てください。
問題1　ここは、どこですか。
1　会議室です。
2　映画館です。
3　教会です。
4　歯医者です。

Bの写真を見てください。
問題2　これは、何ですか。
1　ふとんです。
2　毛糸です。
3　ガソリンです。
4　カーテンです。

Cの写真を見てください。
問題3　女の人は、何をしていますか。
1　眠っています。
2　祈っています。
3　逃げています。
4　騒いでいます。

Dの写真を見てください。
問題4　これで何をしますか。
1　返事をします。
2　虫を捕まえます。
3　重さを比べます。
4　運動をします。

Eの写真を見てください。
問題5　猫について、正しい説明は、どれですか。
1　手を舐めています。
2　目をこすっています。
3　震えています。
4　暴れています。

Fの写真を見てください。
問題6　用紙に名前や住所などを書いてもらいます。
　　　　こんなとき、何と言いますか。
1　こちらでお尋ねください。
2　こちらにご記入ください。
3　こちらはご遠慮ください。
4　こちらをご利用ください。

聴読解問題

例題を見てください。
男の人と女の人が話しています。

問題　男の人のかばんは、どれですか。
ーーーーーーーーーーーーーーーーーーー
男：私のかばんは、黒くて、大きいです。
女：これですか。
男：ええ、そうです。
ーーーーーーーーーーーーーーーーーーー
問題　男の人のかばんは、どれですか。

一番いいものは4です。ですから、例のように4を
マークします。

Gを見てください。
電話でレストランの店員と女の人が話しています。

問題7　女の人は、これからどこへ行きますか。
ーーーーーーーーーーーーーーーーーーー
男：はい、レストランナポリです。
女：すみません。5時に予約した田中です。近くま
　　で来ましたが、場所がわからなくて・・・。
男：そうですか。今、どこにいますか。
女：スーパーと郵便局の前にいます。
男：では、そのまま右へまっすぐ歩いてください。
女：駅のほうですね。
男：そうです。2つ目の角に本屋があります。そこ
　　を右に曲がってください。レストランはそのと
　　なりです。
女：わかりました。
ーーーーーーーーーーーーーーーーーーー
問題7　女の人は、これからどこへ行きますか。

Hを見てください。
女の人が天気予報を伝えています。

問題8　明日の天気は、どれですか。
————————————————————
女：昨日は、朝、晴れていましたが、午後から雨になりましたね。今日も午前中は雨が続きますが、午後からは晴れるでしょう。しかし、風が強く吹く予報となっていますので、ご注意ください。明日も午前中、よく晴れますが、昼すぎからだんだん雲が多くなりそうです。しかし、雨の心配はありません。来週は、晴れる日が続きそうですが、朝晩の気温が下がります。寝るときは、暖かい毛布が必要となりそうです。
————————————————————
問題8　明日の天気は、どれですか。

Iを見てください。
会社で女の人と男の人が話しています。

問題9　男の人は、お正月、どこへ行きましたか。
————————————————————
女：北島さん、これ、京都のお土産です。どうぞ。
男：ありがとうございます。お正月は、京都に旅行でしたか。
女：いいえ、家族で夫の両親のところに。子どももまだ小さいし、新幹線も混んでいるし、疲れちゃいました。本当は温泉に行って、ゆっくりしたかったんですけど。
男：そうですか。
女：鈴木さんは、どこか行きましたか。
男：ええ。毎年、同じです。
女：ああ、長野のおばあさんのところですね。
男：ええ。山の中で何もないんですけどね。ゆっくりできました。
女：そうですか。よかったですね。
————————————————————
問題9　男の人は、お正月、どこへ行きましたか。

Jを見てください。
説明会の会場で、男の人と女の人が話しています。

問題10　男の人は、これから何を買いますか。
————————————————————
男：倉田さん、お疲れ様です。何かお手伝いしましょうか。
女：じゃ、受付の準備をお願いします。「受付」と紙に書いて、テーブルに貼ってください。紙とペンは、そこにありますから。
男：わかりました。…うーん、この紙じゃ小さいですね。2枚、合わせようかな。セロテープありますか。
女：あ、さっき、ポスターを貼ったとき、ちょうど使い終わったんだった。のりはあるんですけど。
男：じゃ、僕、そこのコンビニで買って来ますよ。のりじゃ、テーブルに貼れないですしね。それだけでいいですか。
女：じゃあ、大きい紙もお願いします。そのほうがいいですよね。
男：そうですね。じゃ、行って来ます。
————————————————————
問題10　男の人は、これから何を買いますか。

Kを見てください。
家で妻と夫が話しています。

問題11　男の人が間違えたのは、どれですか。
————————————————————
女：あら、「肉じゃが」作ってるの？　楽しみだわ。
男：僕もたまにはね。ちょっと、味見してみてよ。
女：どれどれ。うわっ！　塩辛い！
男：え？　調味料、この本に書いてある通りに入れたんだけどなあ。酒が多かったのかな。
女：酒じゃこんなに塩辛くならないわよ。ちょっとその本見せて。しょうゆ、入れすぎたんじゃないの？
男：大さじ2だろ？　このスプーンで2杯入れたよ。
女：じゃ、合ってるわね。砂糖もこの通り入れたのね？
男：うん。そこの棚にあるのでいいんだよね？
女：え？　ちょっと、砂糖は、それじゃないわよ。
男：え？　じゃ、この白いのって何？
女：それは、塩。
男：あー、間違えたー。
————————————————————
問題11　男の人が間違えたのは、どれですか。

Lを見てください。
男の人が話しています。

問題１２　「高齢者」は、グラフのどれですか。

――――――――――――――――――――

男：「食事で人を元気に」をテーマに我が社が 2016
　　年に新しく始めた「レストラン太陽」。2016 年、
　　お客様の半数は会社員でした。お店の周りに大学
　　や専門学校が多いことから、2020 年から学生割引
　　を始めると、2021 年には学生のお客様の割合は、
　　全体の６割を占めるまでになりました。また店内
　　を禁煙にしたところ、今まで一番少なかった子ど
　　も連れ家族のお客様の割合は、今、全体の５分の
　　１を占めています。若いお客様が増え、店内がに
　　ぎやかになった一方、高齢者や会社員のお客様の
　　割合は減り、特に会社員のお客様は一番少なくな
　　りました。今後は、いろいろな方に来ていただけ
　　るお店を目指し、新しいメニューやサービスを考
　　えていく予定です。

――――――――――――――――――――

問題１２　「高齢者」は、グラフのどれですか。

応答問題

例題１　おはようございます。
1　おはようございます。
2　おやすみなさい。
3　さようなら。

例題２　お仕事は？
　　　－会社員です。
1　私も会社員じゃありません。
2　私も会社員です。
3　私も医者です。

一番いいものは例題１は１、例題２は２です。ですか
ら、例題１は１、例題２は２を、例のようにマークし
ます。

問題１３　日本語が上手ですね。
1　はい、大変ですね。
2　はい、かしこまりました。
3　いいえ、まだまだです。

問題１４　この川で泳ぐことができますか。
1　いいえ、泳ぎません。
2　いいえ、泳がなくてもいいです。
3　いいえ、危ないですから。

問題１５　もう、昼ご飯を食べましたか。
1　ええ、食べましょう。
2　いいえ、これからです。
3　いいえ、食堂じゃありません。

問題１６　出張は、いつからですか。
1　ええ、初めてです。
2　まだ、決まっていません。
3　１週間くらいです。

問題１７　この仕事、どのくらいかかりますか。
1　もう少しで終わります。
2　すみません、お待たせしました。
3　ええ、急ぎましょう。

問題１８　わあ、見て。この絵、美しいね。
1　うん、色がきれいだね。
2　うん、本当におかしいね。
3　うん、大切だよね。

問題１９　来月、東京へ転勤になります。
1　どうぞお大事に。
2　もう一度考えてください。
3　じゃ、寂しくなりますね。

問題２０　課長、いつならご都合がよろしいですか。
1　ええ、そのほうがいいですね。
2　いつでも構いませんよ。
3　うーん、その日はちょっと…。

問題２１　昨日は、何もせずに一日中寝ていました。
1　疲れていたんですか。
2　何がいちばんよかったですか。
3　へえ、おもしろそうですね。

問題２２　もしもし。今、話してもいい？
　　　　　－あ、今、電車に乗るところだから。
1　やっと着いたんだね。
2　じゃあ、ゆっくり話せるね。
3　じゃあ、また後で電話するね。

問題２３　はじめまして。ホアンと申します。
　　　　　－お国はどちらですか。
1　ベトナムから参りました。
2　ベトナムからいらっしゃいました。
3　存じておりません。

問題２４　この商品、あと一つしかないの？
1　消費税は含まれています。
2　仕入れはいっぱいです。
3　在庫を確認してきます。

問題２５　酔っぱらっちゃった。
1　自炊したほうがいいよ。
2　お腹空いたね。
3　飲みすぎだよ。

問題２６　明日、雨だって。キャンプは無理ね。
1　それは、そっくりだね。
2　本当にがっかりだよ。
3　じゃ、しっかりしなきゃな。

問題２７　このレストラン、家族向きですね。
1　ええ、デートによさそうですね。
2　ええ、みんなこちらを向いていますよ。
3　ええ、子供用のメニューも多いですからね。

問題２８　新しい商品のことを聞きましたか。
　　　　　－ええ、あの値段じゃ売れないに決まって
　　　　　　ますよ。
1　ええ、頑張ります。
2　ええ、私もそう思います。
3　ええ、早く決めましょう。

「＊」の部分は録音されていません。

列題
――――――――――――――――――――
女：すみません。頭が痛いですから、今日は帰ります。
男：わかりました。
――――――――――――――――――――
問題　女の人はどうして帰りますか。
＊１　耳が痛いですから
＊２　頭が痛いですから
＊３　歯が痛いですから

一番いいものは２です。ですから、例のように２を
マークします。

１　会社で男の人と女の人が話しています。この会話
　　を聞いてください。
――――――――――――――――――――
男：林さん、お願いがあるんだけど…。
女：何？
男：この資料をコピーして、３時までに課長に渡して
　　もらえないかな。今から出かけないといけなく
　　なって。
女：わかった。量が多いわね。時間がかかりそうだか
　　ら、今から始めるね。
男：ありがとう。出かけるまえに、課長にコピーを林
　　さんにお願いしたこと話しておくから。じゃ、悪
　　いけど、よろしくね。
女：わかった。いってらっしゃい。
――――――――――――――――――――
問題２９　男の人は、このあとまず、何をしますか。
＊１　資料をコピーします。
＊２　課長に話しに行きます。
＊３　出かけます。

問題３０　男の人は、どうして女の人にコピーを頼み
　　　　　ましたか。
＊１　課長に言われましたから
＊２　コピーをする枚数が多いですから
＊３　他の用事ができましたから

２　レストランで店員と男の人が話しています。この
　　会話を聞いてください。
――――――――――――――――――――
女：カレーライスとホットコーヒーでございます。
男：え？　カレーライス？　スパゲティーをお願いし
　　たんですが…。
女：申し訳ありません。
男：それから、コーヒーは、アイスです。冷たいほう。
女：大変申し訳ありません。すぐにお持ちします。ス
　　パゲティーもすぐにお作りいたします。１５分ほ
　　どお待ちいただけますでしょうか。
男：時間がないんですよ。うーん、じゃあ、これでい
　　いです。
女：申し訳ございません。
――――――――――――――――――――
問題３１　女の人は、どうして男の人に謝りましたか。
＊１　料理がおいしくないと言われましたから
＊２　注文を聞くのに時間がかかりましたから
＊３　注文を間違えましたから

問題３２　女の人は、このあとすぐ、何を持って来ま
　　　　　すか。
＊１　アイスコーヒーです。
＊２　スパゲティーです。
＊３　カレーライスです。

3　女の人の話を聞いてください。
ーーーーーーーーーーーーーーーーーーーー
女：スーパーで商品を買いすぎてしまわないように、私がしていることが３つあります。１つ目は、買うものをメモすることです。メモした商品の売り場にだけ行って、その他の売り場には、行かないようにします。２つ目は、食事のあとに買い物に行くことです。お腹がすいていると、何でも食べたくなって、お菓子などをつい買ってしまうからです。３つ目は、小さい買い物袋を持っていくことです。袋に入る分だけ買い物をしようと気をつけることができます。私はこの方法で、スーパーで使うお金を毎月5,000円減らすことができました。ぜひみなさんもやってみてください。
ーーーーーーーーーーーーーーーーーーーー
問題３３　何について話していますか。
＊１　買い物にかかる時間を短くする方法です。
＊２　無駄な買い物をしない方法です。
＊３　スーパーでいい商品を選ぶ方法です。

問題３４　女の人について、話の内容と合っているのは、どれですか。
＊１　スーパーで毎月5,000円使っています。
＊２　食事のまえに、買い物に行くようにしています。
＊３　スーパーに行くとき、いつも買ったものを入れる袋を持って行きます。

4　会社で男の人と女の人が話しています。この会話を聞いてください。
ーーーーーーーーーーーーーーーーーーーー
男：あ、課長、１時ごろ松田様からお電話がありました。今日中にお電話が欲しいそうです。
女：え？　もう４時じゃない。どうして今まで言わなかったの？
男：あ、ちょっと忘れていて…。へへ。すみません。
女：もう…。じゃ、すぐかけないと。電話番号聞いておいてくれた？
男：あ、すみません。聞いていないです。今から調べますので、少々お待ちください。確か、名刺をもらったので、机の引き出しの中にあったはず…。あれ？　どこかな。
女：…もういいわ。自分の仕事に戻って。でも、その前にそこ、きれいにしなさい。そんなに汚かったら、仕事にならないでしょう。
男：はい…。
ーーーーーーーーーーーーーーーーーーーー
問題３５　男の人は、これからまず、何をしますか。
＊１　自分の机を片づけます。
＊２　松田さんの名刺を探します。
＊３　仕事に戻ります。

問題３６　男の人について、会話の内容と合っているのは、どれですか。
＊１　女の人に褒められました。
＊２　女の人に注意されました。
＊３　女の人に仕事を頼まれました。

ホテルの受付で客と男性スタッフが話しています。
この会話を聞いてください。

女：すみません。明日、近くの遊園地に行く予定なん
　　ですが。

男：はい、「わくわくランド」でございますね。

女：ええ。チェックアウトしたあと、ここに荷物を預
　　けることはできますか。

男：はい、可能です。または、有料になりますが、お
　　客様のお荷物を「わくわくランド」のサービスカ
　　ウンターまでお届けすることもできますし、飛行
　　機をご利用でしたら、お客様が空港で受け取る方
　　法もございますが。

女：へー。便利ですね。ホテルに戻って来なくていい
　　なんて。有料って、いくらかかるんですか。

男：お荷物ひとつにつき、「わくわくランド」でした
　　ら、500円、空港の場合、1,000円になります。

女：わかりました。ちょっと考えます。友だちとも相
　　談したいので。ところで、こちらに預けるなら無
　　料ですよね？

男：はい。

女：わかりました。ありがとうございます。

問題３７　女の人は、明日どこで荷物を受け取ること
　　　　　にしましたか。

＊１　ホテルです。

＊２　遊園地のサービスカウンターです。

＊３　まだ決めていません。

問題３８　このホテルのサービスについて、会話の内
　　　　　容と合っているのは、どれですか。

＊１　サービスカウンターで「わくわくランド」のチ
　　　ケットを販売しています。

＊２　お金を払えば、預けた荷物を別のところで受け
　　　取れるサービスが受けられます。

＊３　客を空港まで1,000円でおくってくれるサービ
　　　スがあります。

これで聞くテストを終わります。

第2回 J.TEST実用日本語検定（D-Eレベル）
正解とスクリプト

■ 読解・記述問題　350点

《 文法語彙問題 》 各5点（計150点）			《 読解問題 》 各5点（計80点）		《 漢字問題Ａ 》 各4点（40点）
1) 4	11) 1	21) 3	31) 1	41) 3	47) 4
2) 3	12) 2	22) 2	32) 3	42) 2	48) 2
3) 1	13) 4	23) 1	33) 3	43) 1	49) 3
4) 2	14) 3	24) 2	34) 2	44) 3	50) 1
5) 1	15) 4	25) 1	35) 2	45) 2	51) 2
6) 2	16) 2	26) 4	36) 4	46) 4	52) 1
7) 4	17) 3	27) 4	37) 3		53) 2
8) 3	18) 1	28) 3	38) 4		54) 3
9) 2	19) 4	29) 1	39) 1		55) 4
10) 4	20) 4	30) 3	40) 2		56) 1

《 漢字問題Ｂ 》各4点（40点）　*漢字問題Ａ＋Ｂ＝計80点
- 57) ちず
- 58) ひる
- 59) いそ
- 60) やさい
- 61) いしゃ
- 62) おも
- 63) じゅうしょ
- 64) さら
- 65) お
- 66) しゅるい

解答例　《 記述問題Ａ 》各5点（20点）　*(A)と(B)が両方正解で5点。部分点はありません。
- 67) (A) どの　　　　　(B) かぶっている
- 68) (A) 暗い　　　　　(B) つけ
- 69) (A) あります　　　(B) もらった
- 70) (A) 持ち　　　　　(B) 待ち

解答例　《 記述問題Ｂ 》各5点（20点）*部分点はありません。　*記述問題Ａ＋Ｂ＝計40点

> 71) ナイフでりんごをきって
> 72) サッカーがいちばん上手な
> 73) 彼が知っているはず
> 74) ごはんを食べすぎて

■ 聴解問題　350点

《写真問題》 各5点（計30点）	《聴読解問題》 各10点（計60点）	《 応答問題 》 各10点（計160点）		《 会話・説明問題 》 各10点（計100点）
1) 4	7) 3	13) 1	23) 3	29) 2
2) 2	8) 1	14) 3	24) 1	30) 2
3) 1	9) 4	15) 3	25) 2	31) 1
4) 4	10) 2	16) 2	26) 1	32) 3
5) 1	11) 3	17) 2	27) 1	33) 2
6) 3	12) 3	18) 1	28) 3	34) 3
		19) 3		35) 2
		20) 2		36) 1
		21) 3		37) 3
		22) 1		38) 1

写真問題

例題の写真を見てください。
例題　これは、何ですか。
1　コップです。
2　いすです。
3　ノートです。
4　えんぴつです。

一番いいものは１です。ですから、例のように１を
マークします。

Aの写真を見てください。
問題１　ここは、どこですか。
1　神社です。
2　和室です。
3　美術館です。
4　駐車場です。

Bの写真を見てください。
問題２　これは、何ですか。
1　米です。
2　スーツです。
3　ガムです。
4　下着です。

Cの写真を見てください。
問題３　女の人は、何をしていますか。
1　ごみを拾っています。
2　ごみを焼いています。
3　ごみを捨てています。
4　ごみを運んでいます。

Dの写真を見てください。
問題４　これで何をしますか。
1　暖房をつけます。
2　贈り物を包みます。
3　番組を放送します。
4　お湯を沸かします。

Eの写真を見てください。
問題５　女の人は、何をしていますか。
1　化粧しています。
2　商売しています。
3　両替しています。
4　録音しています。

Fの写真を見てください。
問題６　会社から帰るとき、まだ働いている同僚にあ
　　　　いさつをします。こんなとき何と言いますか。
1　どうぞお構いなく。
2　おかえりなさい。
3　お先に失礼します。
4　お世話になりました。

聴読解問題

例題を見てください。
男の人と女の人が話しています。

問題　男の人のかばんは、どれですか。
——————————————————
男：私のかばんは、黒くて、大きいです。
女：これですか。
男：ええ、そうです。
——————————————————
問題　男の人のかばんは、どれですか。

一番いいものは４です。ですから、例のように４を
マークします。

Gを見てください。
男の人と女の人が話しています。

問題７　男の人は、このあと何を準備しますか。
——————————————————
男：今夜のお花見の準備、私も手伝いますよ。
女：じゃ、私はサンドイッチを作るので、サラダを
　　作ってもらえますか。
男：わかりました。他に何か作りますか。
女：池田さんがピザを買ってきてくれますから、大丈
　　夫です。
男：飲みものも池田さんですか。
女：あ、飲みもののこと、忘れていました！　池田さ
　　んに電話して、頼みます。
——————————————————
問題７　男の人は、このあと何を準備しますか。

Hを見てください。
女の人が話しています。

問題8　パン屋は、どこにありますか。
――――――――――――――――――――――
女：私は、パン屋でアルバイトを始めました。小さい
　　ですが、人気のある店です。店の向かいに公園が
　　あります。近くに小学校もあります。店の前の大
　　きな通りをまっすぐ行くと、大学もあります。そ
　　の大学の学生がよく買いに来ますから、店はいつ
　　もにぎやかです。私は、このアルバイトがとても
　　気に入っています。
――――――――――――――――――――――
問題8　パン屋は、どこにありますか。

Iを見てください。
店で妻と夫が話しています。

問題9　男の人は、ワイシャツを何枚買いますか。
――――――――――――――――――――――
女：ねえ、見て。ワイシャツがすごく安いわ。
男：本当だ。1枚500円か。じゃ、1枚買おうかな。
　　どれがいいかなあ。あ、でも小さいサイズしか
　　残ってないよ。
女：こっちに大きいサイズ、あるわよ。
男：いいねえ。白とうすい青、どっちがいいかなあ。
女：どっちも買ったら？　2枚買っても1,000円よ。
男：そうだね。
女：こんなに安いんだから、2枚ずつ買ってもいいん
　　じゃない？
男：うん、そうするよ。
――――――――――――――――――――――
問題9　男の人は、ワイシャツを何枚買いますか。

Jを見てください。
会社で男の人と女の人が話しています。

問題10　会議は、いつしますか。
――――――――――――――――――――――
男：課長、新製品の会議ですが、19日はいかがで
　　しょうか。
女：あ、その日はセミナーがあって、夕方まで会議
　　室が使えないんですよ。その前の日はどうです
　　か。
男：すみません。僕、その日、病院へ行かなければ
　　ならないんです。健康診断があって。
女：そうですか。17日は、私が1日お客様と約束が
　　あるし、その次の週は出張だし…。困りました
　　ね。
男：課長、出張は木曜日までですよね。その次の日
　　だったら、遅すぎますか。
女：できれば早いほうがいいわ。あ、柏木さん。こ
　　の日、病院は午前中？
男：そうです。午後は大丈夫です。
女：じゃ、この日の午後にしましょう。
――――――――――――――――――――――
問題10　会議は、いつしますか。

Kを見てください。
家で女の人と男の人が話しています。

問題11　2人は、これから何を見に行きますか。
――――――――――――――――――――――
女：ねえ、しんちゃん、今、日本でいちばん多く飼わ
　　れているペットって何だと思う？
男：犬だろう？
女：ふふ。最近は猫だって。犬は2番目。この雑誌の
　　ここ、見てみて。
男：へえ。小鳥も犬ほどじゃないけど、人気あるね。
女：うん。世話もしやすそうだしね。
男：おれは子どもの頃、金魚を飼ってたなあ。今は、
　　人気がないんだ、5位か。
女：私、犬か猫、飼いたいなあ。あ、うさぎもかわい
　　いかも。
男：それは、将来結婚して、庭付きの家に住んでから
　　考えよう。今、このマンションで飼えるとしたら
　　これかこれだよ。
女：私、魚はちょっと…。こっちがいい。
男：よし、まずは見に行ってみるか。飼うかどうかは
　　それから。
女：そうね。じゃ、行こう。
――――――――――――――――――――――
問題11　2人は、これから何を見に行きますか。

Lを見てください。
会議で男の人が話しています。

問題１２　「ゴルフ」は、どれですか。
ーーーーーーーーーーーーーーーーー
男：こちらは、今後も続けたい運動について60代の
　　方に聞いたアンケートの結果です。公園を散歩
　　している方をよく見かけるので、「散歩」という
　　回答が最も多いと予想していましたが、実際は
　　13パーセントという結果になりました。では、
　　最も多かったのは何かというと、天候や時間を
　　気にする必要のない「水泳」でした。また、前
　　回の調査で２位となった「ゴルフ」は、今回は
　　ひとつ順位を落とす結果となりましたが、変わ
　　らず人気があるようです。続けたい理由として
　　は、「ゴルフ」をわずかに上回った「テニス」と
　　同様、「一緒にやっている仲間がいるから」とな
　　りました。今度はこの結果をもとに60代の方向
　　けのスポーツ用品の開発、販売に力を入れる予
　　定です。
ーーーーーーーーーーーーーーーーー
問題１２　「ゴルフ」は、どれですか。

応答問題

例題１　おはようございます。
１　おはようございます。
２　おやすみなさい。
３　さようなら。

例題２　お仕事は？
　　　　ー会社員です。
１　私も会社員じゃありません。
２　私も会社員です。
３　私も医者です。

一番いいものは例題１は１、例題２は２です。ですか
ら、例題１は１、例題２は２を、例のようにマークし
ます。

問題１３　あ、ホアンさん、お出かけですか。
１　ええ、ちょっとそこまで。
２　ええ、ほんの気持ちです。
３　ええ、しばらくですね。

問題１４　このペン、借りてもいいですか。
１　ありがとうございます。
２　それ、貸してください。
３　ええ、どうぞ。

問題１５　何か質問がありますか。
１　はい、何でもいいですよ。
２　いいえ、ありませんでした。
３　ええ、ひとついいですか。

問題１６　昨日、どうして会社を休んだんですか。
１　病院に行きたいんです。
２　熱があったんです。
３　ええ、そうなんです。

問題１７　橋本課長は、どちらですか。
１　事務所にありませんか。
２　食堂だと思います。
３　どちらもです。

問題１８　仕事で失敗しました。
１　次は、きっとうまくいきますよ。
２　それは、さびしいですね。
３　今は、けんかしないでください。

問題１９　用意は、できましたか。
1　はい、車で来ました。
2　ええ、立派なビルですよ。
3　もう少し待ってください。

問題２０　このコップ、飲みにくいね。
1　じゃ、もっと飲む？
2　じゃ、こっちのを使って。
3　へえ、僕もほしいな。

問題２１　沢田さんがいつ出張するか知っていますか。
1　ええ、10日間です。
2　ええ、いつも忙しいですよね。
3　いいえ、聞いてみましょうか。

問題２２　　ケーキ、買って来たよ。
　　　　　　ーわあ、おいしそうだね。
1　うん、すぐに食べよう。
2　誰から聞いたの？
3　え？　もう食べたの？

問題２３　はい、営業部です。
　　　　　　ーすみません。部長はおいでになりましたか。
1　いいえ、まだ伺っていません。
2　はい、もう差し上げました。
3　10時にいらっしゃる予定です。

問題２４　今度の休み、彼女とハワイに行くんだ。
1　わあ、うらやましい。
2　わあ、おとなしい。
3　わあ、さわがしい。

問題２５　お約束の時間を変更してもよろしいでしょ
　　　　　うか。
1　ええ、いつもありがとうございます。
2　ええ、何時頃がよろしいでしょうか。
3　ええ、それは申し訳ございませんでした。

問題２６　もう！　バス来るの、遅くない？
1　そんなにいらいらしないの。
2　本当にぺらぺらだね。
3　いつもまあまあだから。

問題２７　ここまできたら、やるしかないよ。
1　そうですね。頑張りましょう。
2　え？　もう、それだけしかないの？
3　思ったより遠かったですね。

問題２８　あれ？　パクさん、今日は来るの遅いです
　　　　　ね。
　　　　　　ーええ、いつもいちばんに出社しているのに
1　遅刻するわけにはいかないですね。
2　ええ、どれだけ早く来たことか。
3　何かあったに違いないですよ。

「＊」の部分は録音されていません。

列題
─────────────────────────
女：すみません。頭が痛いですから、今日は帰ります。
男：わかりました。
─────────────────────────
問題　女の人はどうして帰りますか。
＊１　耳が痛いですから
＊２　頭が痛いですから
＊３　歯が痛いですから

一番いいものは２です。ですから、例のように２を
マークします。

１　会社で女の人と男の人が話しています。この会話
　　を聞いてください。
─────────────────────────
女：あのう、佐々木さん、会議室の時計が動かない
　　んです。
男：うーん、電池が切れたのかな。替えてみましょ
　　うか。えーと、電池はこの間、事務所を片付け
　　たとき、あの机の引き出しに入れましたよね。
女：あ、実はもうやってみたんですが、だめだった
　　んですよ。
男：そうですか。じゃ、原田さんに言ってみてくだ
　　さい。壊れて使えないなら、新しいのを買って
　　くれますから。
女：わかりました。
─────────────────────────
問題２９　女の人は、この会話のまえに何をしました
　　　　　か。
＊１　机の引き出しを片付けました。
＊２　時計の電池を替えました。
＊３　会議をしました。

問題３０　女の人は、このあとどうしますか。
＊１　時計をしゅうりします。
＊２　原田さんに時計のことを話します。
＊３　新しい時計を買います。

２　女の人が天気予報を伝えています。この話を聞い
　　てください。
─────────────────────────
女：今日は、風もほとんどなく、よく晴れて暖かい１
　　日となりましたね。昼間は、コートを着ないで外
　　を歩いている方をよく見かけました。しかし、こ
　　のあと夜遅くから雨が降り出す予報となっていま
　　す。急に気温が下がり、寒い夜となりますので、
　　暖かくしてお休みください。雨は、明日も降り続
　　き、寒い１日となりそうです。お出かけになると
　　きは、コートにマフラー、手袋もあったほうがい
　　いでしょう。
─────────────────────────
問題３１　今日の天気は、どうでしたか。
＊１　暖かかったです。
＊２　雨が降りました。
＊３　風がつよかったです。

問題３２　明日について、話の内容と合っているのは、
　　　　　どれですか。
＊１　出かけないで、家にいたほうがいいです。
＊２　ひるまはコートを着ていると、暑いと感じるか
　　　もしれません。
＊３　出かけるときは、暖かくしたほうがいいです。

3　家で息子と母が話しています。この会話を聞いて
　　ください。
——————————————————————
男：ねえ、お母さん、自転車のかぎがないんだよ。ど
　　こかで見なかった？
女：見てないわね。上着のポケットは見た？
男：うん。かばんの中もズボンのポケットも。でもな
　　いんだよ。困ったなあ。これからアルバイトに行
　　かないといけないのに。遅れちゃうよ。
女：部屋の中も探したんでしょ？
男：うん。昨日は、夜、大学から帰ってきて、そのま
　　ますぐ寝たんだよ。だから、部屋にあると思った
　　んだけど。
女：自分の部屋にないなら、玄関じゃないの？
男：あ、靴をしまうときにポケットから落ちちゃった
　　かな。ちょっと見てくる。
女：どう？　見つかった？
男：あ、あった！　靴箱の下に落ちてたよ。じゃ、
　　行ってきます。
女：よかったわね。気をつけていってらっしゃい。
——————————————————————
問題３３　自転車のかぎは、どこにありましたか。
＊１　上着のポケットです。
＊２　玄関です。
＊３　かばんの中です。

問題３４　男の人は、このあとどこに行きますか。
＊１　大学です。
＊２　自転車の店です。
＊３　アルバイトをしている店です。

4　会社で女の人と男の人が話しています。この会話
　　を聞いてください。
——————————————————————
女：松本くん、明日の太陽自動車との打ち合わせの準
　　備、坂上さんと一緒にお願いしてもいいかしら。
男：はい。
女：会議室の机といすを並べて、それから資料を10人
　　分コピーして、一部ずつ机に置いてください。
男：わかりました。第１会議室ですよね。
女：そう。予約はもう取ってあるから。
男：はい。机といすの並べ方は、どのようにすればい
　　いですか。
女：それは坂上さんに伝えてあるから、聞いてみて。
男：わかりました。坂上さんは今日、午後から出社な
　　ので、今は、こちらの準備から始めます。
女：そうね。じゃ、よろしくね。
男：あ、課長、ペットボトルのお茶も一緒に机に置い
　　ておいたほうがいいでしょうか。
女：いつもはそうなんだけど、明日は温かいものをお
　　出ししたいから、それはしなくて大丈夫。
男：わかりました。
——————————————————————
問題３５　男の人は、このあとまず、何をしますか。
＊１　坂上さんのところへ行きます。
＊２　しりょうをコピーします。
＊３　会議室を予約します。

問題３６　男の人がこのあと会議室の机に置くのは、
　　　　　何ですか。
＊１　しりょうだけです。
＊２　しりょうと温かいお茶です。
＊３　しりょうとペットボトルのお茶です。

5　会社で男の人と女の人が話しています。この話を
　　聞いてください。
━━━━━━━━━━━━━━━━━━━━━━━
男：課長、週末のふたば貿易さんとの食事会、寿司屋
　　になりました。
女：わあ、いいわねえ。お寿司、楽しんできてね。
男：それが僕、高級な店でお寿司食べたことがなくて。
　　行くっていったら、「回転ずし」のお店ぐらいな
　　ので、マナーが心配なんです。
女：そうよね。チェンさん、まだ若いものね。
男：はい。課長、高級な店では、手と箸、どちらで食
　　べたほうがいいんですか。
女：昔は手がいいって言われていたけど、今はどっち
　　でもいいみたいよ。
男：そうなんですか。他には何か注意したほうがいい
　　こと、ありますか。
女：そうねえ…。あ、お醤油はネタのほうに付けてね。
　　マナーだから。
男：ネタってマグロとかえびとか、お刺身のほうです
　　よね。へえ、勉強になります。
女：そして、お醤油をつけたら、ネタを下にしたまま
　　食べるのよ。そのほうが味としてもいいんだって。
男：わかりました。でも、ちょっと難しそうですね。
　　うまくできるかなあ。
女：あんまり心配しないで。お店の人が食べ方を教え
　　てくれることもあるし、みなさんのまねをすれば
　　いいんだから。
男：はい、わかりました。
━━━━━━━━━━━━━━━━━━━━━━━
問題３７　女の人がおいしいと言っている寿司の食べ
　　　　　方は、どれですか。
＊１　手で食べることです。
＊２　醤油をつけないで食べることです。
＊３　ネタを下にして食べることです。

問題３８　会話の内容と合っているのは、どれですか。
＊１　男の人は、寿司屋での食事マナーに自信があり
　　　ません。
＊２　女の人は、男の人と一緒に食事会に参加します。
＊３　男の人は、店で寿司を食べたことがありません。

これで聞くテストを終わります。

第3回 J.TEST実用日本語検定（D-Eレベル）
正解とスクリプト

■ 読解・記述問題　350点

《 文法語彙問題 》 各5点（計150点）			《 読解問題 》 各5点（計80点）		《 漢字問題A 》 各4点（40点）
1) 1	11) 1	21) 3	31) 4	41) 4	47) 3
2) 3	12) 2	22) 4	32) 2	42) 3	48) 1
3) 2	13) 3	23) 1	33) 2	43) 3	49) 1
4) 1	14) 1	24) 2	34) 3	44) 4	50) 2
5) 4	15) 4	25) 2	35) 3	45) 3	51) 4
6) 3	16) 3	26) 1	36) 4	46) 2	52) 3
7) 4	17) 2	27) 1	37) 4		53) 2
8) 1	18) 3	28) 4	38) 2		54) 3
9) 2	19) 2	29) 3	39) 2		55) 4
10) 3	20) 4	30) 2	40) 1		56) 1

《 漢字問題B 》 各4点（40点）　*漢字問題A＋B＝計80点
- 57) せかい
- 58) あき
- 59) ひか
- 60) かぞく
- 61) たてもの
- 62) ひろ
- 63) たいふう
- 64) むし
- 65) なら
- 66) さんせい

解答例　《 記述問題A 》 各5点（20点）　*(A)と(B)が両方正解で5点。部分点はありません。
- 67)（A）どちら　　　　　　　　（B）ほう
- 68)（A）あと　　　　　　　　　（B）あります
- 69)（A）降り　　　　　　　　　（B）持って
- 70)（A）開けた　　　　　　　　（B）ひいて

解答例　《 記述問題B 》 各5点（20点）*部分点はありません。　*記述問題A＋B＝計40点

> 71) 近くの病院で働いて
> 72) 地下鉄より便利で、安い
> 73) 早く会社へ来よう
> 74) ホテルで寝てばかり

■ 聴解問題　350点

《写真問題》 各5点(計30点)	《聴読解問題》 各10点(計60点)	《 応答問題 》 各10点(計160点)		《 会話・説明問題 》 各10点(計100点)
1) 2	7) 3	13) 2	23) 1	29) 2
2) 1	8) 3	14) 3	24) 2	30) 3
3) 4	9) 1	15) 3	25) 3	31) 3
4) 3	10) 1	16) 2	26) 1	32) 1
5) 2	11) 2	17) 1	27) 2	33) 2
6) 1	12) 4	18) 1	28) 2	34) 1
		19) 3		35) 3
		20) 2		36) 2
		21) 2		37) 2
		22) 3		38) 1

第３回 D-Eレベル　聴解スクリプト

写真問題

例題の写真を見てください。
例題　これは、何ですか。
1　コップです。
2　いすです。
3　ノートです。
4　えんぴつです。

一番いいものは１です。ですから、例のように１を
マークします。

Aの写真を見てください。
問題1　ここは、どこですか。
1　お寺です。
2　港です。
3　林です。
4　屋上です。

Bの写真を見てください。
問題2　これは、何ですか。
1　おもちゃです。
2　スイッチです。
3　日記です。
4　ホッチキスです。

Cの写真を見てください。
問題3　男の人は、何をしていますか。
1　支度をしています。
2　予習をしています。
3　登録をしています。
4　修理をしています。

Dの写真を見てください。
問題4　これで何をしますか。
1　道具を片付けます。
2　絵を飾ります。
3　色を塗ります。
4　返事をします。

Eの写真を見てください。
問題5　男の人について、正しい説明はどれですか。
1　マイクを繋いでいます。
2　インタビューを受けています。
3　バランスを取っています。
4　アナウンサーに話しかけています。

Fの写真を見てください。
問題6　転勤した先輩に久しぶりに会いました。こん
　　　　なとき、何と言いますか。
1　ご無沙汰しております。
2　とんでもないです。
3　お邪魔します。
4　恐れ入ります。

聴読解問題

例題を見てください。
男の人と女の人が話しています。

問題　男の人のかばんは、どれですか。
――――――――――――――――――――
男：私のかばんは、黒くて、大きいです。
女：これですか。
男：ええ、そうです。
――――――――――――――――――――
問題　男の人のかばんは、どれですか。

一番いいものは４です。ですから、例のように４を
マークします。

Gを見てください。
女の人が話しています。

問題7　女の人は、いくら払いましたか。
――――――――――――――――――――
女：私は毎日、社員食堂で昼ご飯を食べます。昨日は、
　　課長と先輩と一緒に３人で食べました。先輩は、
　　たくさん食べますから、500 円のカレーと 700 円
　　のてんぷら定食を注文しました。私は、てんぷら
　　定食に 100 円のサラダをつけました。課長は、
　　600 円のうどんでした。食堂のメニューはあまり
　　多くありませんが、どの料理もおいしいです。
――――――――――――――――――――
問題7　女の人は、いくら払いましたか。

Hを見てください。
電話で男の人と女の人が話しています。

問題8　男の人は、これからどこへ行きますか。
ーーーーーーーーーーーーーーーーーーー
男：もしもし、木村さん。駅に着きました。木村さん
　　の家までどうやって行ったらいいですか。
女：まず橋を渡って、1つ目の交差点を右へ曲がって
　　ください。左に公園があります。
男：はい。
女：次に、1つ目の角を曲がってまっすぐ行くと、左
　　側にコンビニがあります。私の家は、その前です。
男：わかりました。駅から歩いてどのくらいかかりま
　　すか。
女：そうですね…。15分くらいです。
男：わかりました。
ーーーーーーーーーーーーーーーーーーー
問題8　男の人は、これからどこへ行きますか。

Iを見てください。
会社で女の人と男の人が話しています。

問題9　次の会議は、いつになりましたか。
ーーーーーーーーーーーーーーーーーーー
女：次の会議ですが、いつにしましょうか。
男：来週の水曜日は、どうでしょうか。
女：17日ですよね。ちょっと都合が悪くて…。
男：そうですか。では、前の日の火曜日はどうですか。
女：すみません。その日もちょっと…。できれば、別
　　の日がいいんですが。金曜日はどうですか。
男：僕、木曜日から土曜日まで出張なんですよ。じゃ、
　　さ来週の月曜日にしますか。
女：いえ、それじゃ、遅すぎるので、やっぱり火曜日
　　で大丈夫です。
男：そうですか。じゃあ、この日で。
ーーーーーーーーーーーーーーーーーーー
問題9　次の会議は、いつになりましたか。

Jを見てください。
会社で女の人と男の人が話しています。

問題10　男の人は、このあとまずどこへ行きます
　　　　か。
ーーーーーーーーーーーーーーーーーーー
女：あ、川井君、待って。お願いがあるんだけど。
男：先輩、今から昼休みで、みんなでラーメン屋に
　　行くところなんですが…。
女：ごめん。すぐ終わるから。あのね、休憩のあと
　　で、1時半にミンさんを駅に迎えに行ってほし
　　いの。
男：駅？　空港じゃなくていいんですか。
女：うん。ミンさんがそこの駅まで一人で来られ
　　るって。みんな忙しいだろうからって。
男：そうですか。でも僕、午後から会議室の準備を
　　頼まれていて…。
女：それは私たちでやっとくから。じゃあ、お願い
　　できる？
男：わかりました。休憩から戻ったら、出ます。
女：ありがとう。よろしくね。
ーーーーーーーーーーーーーーーーーーー
問題10　男の人は、このあとまずどこへ行きます
　　　　か。

Kを見てください。
会社で男の人と女の人が話しています。

問題11　女の人は、このあと何を買いますか。
ーーーーーーーーーーーーーーーーーーー
男：今度の日曜日の公園ボランティアの準備、そろそ
　　ろ始めないとね。
女：うん。だから、今から必要なものを買いに行こう
　　と思って。参加者に配る飲み物と、それから…。
男：あ、それは課長が用意するって言ってたよ。
女：え、そうなの？　助かった。飲み物、重いから。
男：だから必要なのは、ごみ袋と手袋だけど、手袋は
　　去年買ったのがあるはずだから、買うのは、ごみ
　　袋だけでいいよ。
女：それが、手袋は汚れてるのが多いから、買い直そ
　　うと思うんだ。ごみ袋は、参加する人に持ってき
　　てもらおうと思ってるんだけど。
男：そうなんだ。じゃ、そうしよう。あ、花を植える
　　道具も要るね。これも参加者にお願いするの？
女：ううん。毎年、近所の人が貸してくれるから、大
　　丈夫。じゃ、買い物、行ってきます。
ーーーーーーーーーーーーーーーーーーー
問題11　女の人は、このあと何を買いますか。

Lを見てください。

男の人があるアンケート結果を見ながら話しています。

問題１２　男の人が勧めているのは、どれですか。
ーーーーーーーーーーーーーーーーーーーー
男：これは、20代から30代の独身の社会人に平日仕事が終わったあとの過ごし方について尋ねた結果です。「ウェブサイトを見る」と「テレビを見る」という回答がどちらも半数以上となりましたが、「ウェブサイトを見る」がわずかに多くなりました。「SNSをチェック、書き込む」が30パーセント程度、次いで「音楽を聞く」となりました。この結果を見ると、パソコンやテレビを見て過ごしている人がほとんどであることがわかります。しかし、仕事でもパソコンを使っている人は、一日中画面を見ていることになり、目を休めることができません。ですので、私がお勧めしたいのは、この中ではこれです。皆さんも今日の仕事のあとは、画面を見ずに過ごしてみてはいかがでしょうか。
ーーーーーーーーーーーーーーーーーーーー
問題１２　男の人が勧めているのは、どれですか。

応答問題

例題１　おはようございます。
1　おはようございます。
2　おやすみなさい。
3　さようなら。

例題２　お仕事は？
　　　　ー会社員です。
1　私も会社員じゃありません。
2　私も会社員です。
3　私も医者です。

一番いいものは例題１は１、例題２は２です。ですから、例題１は１、例題２は２を、例のようにマークします。

問題１３　ただいま。
1　いってらっしゃい。
2　おかえりなさい。
3　よくいらっしゃいました。

問題１４　宿題を持ってきましたか。
1　あ、ちがいます。
2　いいえ、来ません。
3　あ、忘れました。

問題１５　この書類、片付けましょうか。
1　おかげさまで。
2　ええ、課長が持っていますよ。
3　あ、私がやりますよ。

問題１６　あのう、メアリーさんは、どの方ですか。
1　ええ、やさしい方ですよ。
2　私も知りません。
3　イギリスから来ました。

問題１７　明日の会議、何時から？
1　ちょっと確認します。
2　2階です。
3　ええ、そうです。

問題１８　ここでの生活には、慣れましたか。
1　ええ、だいぶ。
2　ええ、たまに。
3　ええ、なるべく。

問題１９　鈴木部長って、厳しいよね。
1　うん、よく一人で笑ってるよね。
2　うん、いつも早く帰るよね。
3　うん、よくみんなを叱ってるよね。

問題２０　あれ、僕のサンドイッチがなくなってる。
1　じゃ、もっと食べなきゃ。
2　あ、私が食べちゃった。
3　え？　食べてもいいの？

問題２１　本当はアメリカへ留学するつもりだったん
　　　　　ですよ。
1　わあ。出発は、いつですか。
2　じゃ、どうしてしなかったんですか。
3　いいですね。楽しんでください。

問題２２　　明日の飲み会、参加する？
　　　　　　－まあ、時間があれば。
1　え？　もう参加したの？
2　え？　時間があるの？
3　え？　忙しいの？

問題２３　社長、ちょっとご相談したいことが…。
　　　　　　－じゃ、あとで部屋に来てくれ。
1　はい、では、伺います。
2　はい、では、お呼びします。
3　はい、では、拝見します。

問題２４　このプリンターって、今、使えないんです
　　　　　　か。
1　ええ、イメージと合いませんから。
2　ええ、インクが切れていますから。
3　ええ、ボーナスが出ましたから。

問題２５　新しい会社は、どうですか。
1　早く仕事を終わらせましょう。
2　うらやましい限りです。
3　働きがいがありそうです。

問題２６　赤ちゃん、ぐっすり寝ているね。
1　うん、しばらく起きないだろうね。
2　うん、もうすぐ起きそうだね。
3　うん、眠そうにしているね。

問題２７　この部屋、エアコンがないんですか。
1　ええ、毎日つけっぱなしです。
2　ええ、夏は暑くてたまりません。
3　ええ、何台もあります。

問題２８　藤田さん、資料はできましたか。
　　　　　　－まだ作りかけです。
1　よく頑張りましたね。
2　急いでくださいね。
3　すぐに終わったんですね。

「＊」の部分は録音されていません。

例題
――――――――――――――――――――
女：すみません。頭が痛いですから、今日は帰ります。
男：わかりました。
――――――――――――――――――――
問題　女の人はどうして帰りますか。
＊１　耳が痛いですから
＊２　頭が痛いですから
＊３　歯が痛いですから

一番いいものは２です。ですから、例のように２を
マークします。

１　駅の事務所で女の人と駅員が話しています。この
　　会話を聞いてください。
――――――――――――――――――――
女：あのう、すみません。昨日、この駅に傘の忘れ物
　　がありませんでしたか。
男：あー、ありましたよ。この黒いおりたたみの傘。
女：あ、違います。私のは、長い傘なんです。色は、
　　赤です。
男：うーん、それじゃ、ないですね。今こちらにある
　　のは、これと青い傘だけですから。ほんとうにこ
　　の駅に忘れたんですか。
女：いえ、わかりません。電車の中かもしれません。
　　昨日、うちに帰ってから気がついたので。
男：じゃあ、さくら駅の忘れ物センターに聞いてみて
　　ください。電話番号は、これです。
女：ありがとうございます。すぐ電話してみます。
――――――――――――――――――――
問題２９　女の人は、どんな傘を探していますか。
＊１　黒くて、小さい傘です。
＊２　あかくて、長い傘です。
＊３　青くて、長い傘です。

問題３０　女の人は、このあと何をしますか。
＊１　新しい傘を買いに行きます。
＊２　うちに帰ります。
＊３　他の駅に連絡します。

２　男の人が話しています。この話を聞いてください。
――――――――――――――――――――
男：私は、先月、北海道へ旅行に行きました。私は大
　　学生のとき、オートバイに乗って、よく一人で北
　　海道のいろいろな場所へ行きました。今回は、妻
　　と息子と一緒です。二人は、北海道は初めてです。
　　私たちは、旅館に泊まって、スキーをしました。
　　雪を見ながら、温泉にも入りました。息子は、北
　　海道が気に入ったようで、また来たいと言ってい
　　ました。妻からは、北海道は好きだけど、冬は寒
　　いから、違う季節がいいと言われました。次は、
　　夏に来ようと思います。
――――――――――――――――――――
問題３１　男の人は、先月、だれと北海道を旅行しま
　　　　　したか。
＊１　一人です。
＊２　友だちです。
＊３　かぞくです。

問題３２　男の人について、話の内容と合っているの
　　　　　は、どれですか。
＊１　北海道を旅行したことがあります。
＊２　来年も北海道でスキーをする予定です。
＊３　寒いところが苦手です。

3　家で夫と妻が話しています。この会話を聞いてください。

─────────────────────────────

男：ねえ、ママ。ひろしは、高校入学のお祝いに何が欲しいって？
女：いちばん欲しいのは、ゲームだって。
男：また？　先月の誕生日プレゼントもゲームだったじゃないか。他には？
女：次は、新しいスマートフォンだって。でも、ゲームよりずっと高いわよ。
男：あー、それはダメだな。あ、自転車はどうだ？学校に通うのに必要だろう？
女：それは、おばあちゃんが買ってくれることになってるわよ。
男：あ、そうだった。じゃ、何がいいかなあ。
女：私は、勉強も頑張っているし、いちばん欲しがっているものをあげてもいいかなって思っているんだけど。
男：…わかったよ。ママがそう言うなら、そうしよう。

─────────────────────────────

問題３３　二人は、どうして子どもにプレゼントを買いますか。
＊１　誕生日ですから
＊２　高校に入りますから
＊３　高校をそつぎょうしましたから

問題３４　二人は、子どもに何を買いますか。
＊１　ゲームです。
＊２　スマートフォンです。
＊３　自転車です。

4　会社で女の人と男の人が話しています。この会話を聞いてください。

─────────────────────────────

女：武田君、ちょっと話せる？
男：あ、課長。遅刻のことですよね。すみません。
女：最近多いけど、何かあった？　具合でも悪いの？
男：いえ、実は、先週から母が入院していまして…。それで、病院に寄ってから来る日は、どうしても間に合わなくなってしまって。すみませんでした。
女：そうだったの。お母様のこと、心配ね。いつまで入院されるの？
男：予定では、１か月くらいです。
女：そう。それなら、しばらく出社時間を変えましょう。明日から９時半でいいわ。それとも、１０時のほうがいい？
男：いえ、３０分遅くなれば、十分です。ありがとうございます。
女：これからは、困ったことがあったら、まずは相談しなさいね。

─────────────────────────────

問題３５　男の人は、最近どうして遅刻が多いのですか。
＊１　体の具合がよくないですから
＊２　家でお母さんのせわをしていますから
＊３　出社まえに、病院に寄っていますから

問題３６　男の人は、明日から何時までに会社に来ればいいですか。
＊１　９時です。
＊２　９時３０分です。
＊３　１０時です。

会社で男の人と女の人が話しています。この会話を聞いてください。

男：瀬川さん、明日、初めてのプレゼンだよね。頑張ってね。

女：先輩、私、もう緊張しちゃって。人の前で話すの、得意じゃなくて。

男：じゃ、練習したらいいよ。できれば、明日プレゼンする会議室を使って。

女：そうですね。じゃ、これから総務課に行って、会議室の鍵、借りてきます。

男：うん。あ、ついでにちょっとアドバイスすると、プレゼンは、声の大きさが大事だよ。あ、あと表情もね。

女：はい。声と表情ですね。

男：でも、いちばん大事なのは、話すスピードかな。緊張すると、最初はゆっくりでもだんだん速くなりがちだから。

女：なるほど。うまくできるかなあ…。

男：よかったら、練習に付き合おうか？

女：ありがとうございます。じゃあ、そのまえに資料がちゃんとできているか、見てもらいたいんですが、いいですか。

男：いや、まずは、今ある資料でやってみせてよ。

女：はい、わかりました。

—————————————————————

問題３７　男の人は、発表のとき、最も大切なことは何だと言っていますか。

＊１　こえの大きさです。
＊２　話す速さです。
＊３　話しているときの表情です。

問題３８　女の人は、このあとまず、何をしますか。
＊１　会議しつのかぎを借りてきます。
＊２　みんなの前で発表します。
＊３　男の人にプレゼンの資料を見せます。

これで聞くテストを終わります。

第4回 J.TEST実用日本語検定（D-Eレベル）
正解とスクリプト

■ 読解・記述問題　350点

《 文法語彙問題 》 各5点（計150点）			《 読解問題 》 各5点（計80点）		《 漢字問題A 》 各4点（40点）
1) 4	11) 1	21) 2	31) 3	41) 2	47) 1
2) 3	12) 4	22) 1	32) 2	42) 4	48) 3
3) 3	13) 4	23) 3	33) 4	43) 2	49) 3
4) 1	14) 3	24) 2	34) 3	44) 1	50) 1
5) 2	15) 3	25) 4	35) 3	45) 2	51) 2
6) 1	16) 2	26) 4	36) 4	46) 4	52) 4
7) 4	17) 3	27) 1	37) 2		53) 2
8) 3	18) 4	28) 2	38) 1		54) 1
9) 2	19) 1	29) 3	39) 1		55) 4
10) 1	20) 3	30) 2	40) 2		56) 1

《 漢字問題B 》 各4点（40点）　＊漢字問題A＋B＝計80点

57) ちゃいろ	61) けんきゅう	65) やさ
58) こえ	62) あお	66) しじ
59) あら	63) ぎゅうにく	
60) おんがく	64) たまご	

解答例　《 記述問題A 》 各5点（20点）　＊(A)と(B)が両方正解で5点。部分点はありません。

67)（A）から		（B）まで
68)（A）回		（B）飲んで
69)（A）とる		（B）弱く
70)（A）食べた		（B）おなか

解答例　《 記述問題B 》 各5点（20点）＊部分点はありません。　＊記述問題A＋B＝計40点

71) ここで電話をかけないで
72) お金がたくさんあったら
73) 昨日ほど忙しくない
74) 洗濯物が乾きやすい

■ 聴解問題　350点

《写真問題》 各5点（計30点）	《聴読解問題》 各10点（計60点）	《 応答問題 》 各10点（計160点）		《 会話・説明問題 》 各10点（計100点）
1) 3	7) 4	13) 3	23) 2	29) 2
2) 1	8) 1	14) 3	24) 3	30) 3
3) 4	9) 3	15) 1	25) 2	31) 3
4) 2	10) 2	16) 3	26) 1	32) 1
5) 4	11) 1	17) 2	27) 2	33) 3
6) 1	12) 3	18) 1	28) 2	34) 2
		19) 1		35) 1
		20) 2		36) 3
		21) 1		37) 1
		22) 2		38) 2

写真問題

例題の写真を見てください。
例題　これは、何ですか。
1　コップです。
2　いすです。
3　ノートです。
4　えんぴつです。

一番いいものは1です。ですから、例のように1をマークします。

Aの写真を見てください。
問題1　ここは、どこですか。
1　空港です。
2　マンションです。
3　スーパーです。
4　駐車場です。

Bの写真を見てください。
問題2　これは、何ですか。
1　エアコンです。
2　オートバイです。
3　ガソリンです。
4　畳です。

Cの写真を見てください。
問題3　何をしていますか。
1　花を売っています。
2　花を飾っています。
3　花を踏んでいます。
4　花を植えています。

Dの写真を見てください。
問題4　これで何をしますか。
1　プレゼントを包みます。
2　野球をします。
3　引っ越しします。
4　番組を放送します。

Eの写真を見てください。
問題5　正しい説明は、どれですか。
1　男の子は、ハンドバッグを持っています。
2　男の子は、おじぎしています。
3　女の人は、男の子の手を握っています。
4　女の人は、男の子の肩に手を置いています。

Fの写真を見てください。
問題6　出張から会社に帰ってきました。こんなとき
　　　　何と言いますか。
1　ただ今戻りました。
2　いってらっしゃいませ。
3　おじゃまいたしました。
4　お先に失礼いたします。

聴読解問題

例題を見てください。
男の人と女の人が話しています。

問題　男の人のかばんは、どれですか。
――――――――――――――――――
男：私のかばんは、黒くて、大きいです。
女：これですか。
男：ええ、そうです。
――――――――――――――――――
問題　男の人のかばんは、どれですか。

一番いいものは4です。ですから、例のように4をマークします。

Gを見てください。
女の人が話しています。

問題7　先週の日曜日、女の人は、どこへ行きまし
　　　　たか。
――――――――――――――――――
女：私は、毎週土曜日、テニス教室に行っています。
　　日曜日はいつも、犬のジローと公園を散歩します。
　　でも、先週は、友だちと約束がありましたから、
　　散歩ができませんでした。一緒に昼ご飯を食べて、
　　映画館へ行って、映画を見ました。来週、天気が
　　良かったら、家族と海へ行きます。ジローも一緒
　　です。今からとても楽しみです。
――――――――――――――――――
問題7　先週の日曜日、女の人は、どこへ行きまし
　　　　たか。

Hを見てください。
会社で男の人と女の人が話しています。

問題8　二人は、何を食べますか。
————————————————————
男：やっと仕事が終わりましたね。
女：ええ。もう９時ですよ。お腹がすきました。
男：僕もです。何か食べてから帰りませんか。
女：そうですね。じゃ、おすしはどうですか。
男：すみません。僕、魚が苦手なんです。あのう、
　　カレーとかラーメンとか早く食べて帰れるとこ
　　ろにしませんか。
女：じゃあ、ハンバーガーはどうですか。私、今日
　　のお昼がカレーだったんです…。
男：じゃ、そうしましょう。
————————————————————
問題8　二人は、何を食べますか。

Ⅰを見てください。
パーティー会場で女の人と男の人が話しています。

問題9　山田さんは、どの人ですか。
————————————————————
女：ウィンさん、すみませんが、これ、山田さんに渡
　　してきてくれませんか。あそこにいますから。
男：あのう、どの方でしょうか。
女：あ、ごめんなさい。まだ会ったことがなかったで
　　すね。あのメガネをかけている人、わかりますか。
男：ええと、スーツを着ている男性ですか。
女：いいえ、あの方は、河村部長です。山田さんは、
　　若い女性です。
男：あ、髪が短い人ですね。わかりました。渡してき
　　ます。
————————————————————
問題9　山田さんは、どの人ですか。

Jを見てください。
電話で女の人と男の人が話しています。

問題１０　女の人は、このあとまずどこへ行きます
　　　　　か。
————————————————————
女：もしもし、今、駅に着いたよ。太田君のアパー
　　トは、駅を出て、銀行の角を曲がって、右側
　　だったよね？
男：そうなんだけど、途中で飲み物を買って来てく
　　れない？　銀行の向かいにスーパーがあるから。
女：オッケー。あ、私、ちょっと薬屋に行きたいん
　　だけど、近くにある？
男：えーと、薬屋なら駅を出て二つ目の交差点を
　　渡ったら、左側。学校の前にあるよ。
女：じゃ、薬屋に行って、スーパーに寄ってから行
　　くわ。
男：うん、わかった。
————————————————————
問題１０　女の人は、このあとまずどこへ行きます
　　　　　か。

Kを見てください。
男の人が話しています。

問題１１　男の人が仕事が楽しいと感じたのは、どん
　　　　　なときですか。
————————————————————
男：会社員500人に、仕事をしていてどんなとき楽し
　　いと感じたかを聞いた結果のうち、回答数が多
　　かった５つがこちらになります。最も多かった
　　のが「人から感謝されたとき」で90人、次が「仕事
　　がうまくいったとき」で85人、「人と話している
　　とき」が30人となりました。「好きな仕事をして
　　いるので、いつも楽しい」が22人、「上司にほめ
　　られたとき」は、15人となりました。僕は、今の
　　仕事がそれほど好きなわけではありません。でも
　　先週、同僚の仕事を手伝ったときに「あなたのお
　　かげで助かりました」と言われて、初めて仕事が
　　楽しいと思えました。
————————————————————
問題１１　男の人が仕事が楽しいと感じたのは、どん
　　　　　なときですか。

Ｌを見てください。
家で男の人と女の人が話しています。

問題１２　二人が目標とする「食費」は、どれですか。
ーーーーーーーーーーーーーーーーーーーー
男：みほちゃん、何見てるの？
女：二人で暮らしている家庭が１か月にどのくらい食
　　費を使っているかをまとめたグラフよ。見る？
男：うん。へえ、一番多いのが「２万円から３万円」
　　で、「３万円から４万円」が３割か。え？「２万
　　円以内」の人が 13 パーセントもいるの？　二人
　　合わせてでしょ？　すごいなあ。どうやったらそ
　　んなに安く済ませられるんだろう？
女：ほんとよね。
男：僕たちは、「２万円から３万円」くらい？
女：そうだったらいいけど、もっと多いわよ。だいた
　　いそれより２万円は多くかかっているわ。このグ
　　ラフでもたった１割程度しかいないここよ。
男：うわ、「４万円以上」ってことか。でも、仕方な
　　いんじゃない？　僕もみほちゃんも仕事で遅くな
　　ると、どうしても外食になるし、飲み会だってあ
　　るしさ。
女：でも、将来のためにも少しは節約しないと。
男：じゃ、これからは「３万円から４万円」を目標に
　　しよう。
女：うん、そうね。
ーーーーーーーーーーーーーーーーーーーー
問題１２　二人が目標とする「食費」は、どれですか。

例題１　おはようございます。
１　おはようございます。
２　おやすみなさい。
３　さようなら。

例題２　お仕事は？
　　　　ー会社員です。
１　私も会社員じゃありません。
２　私も会社員です。
３　私も医者です。

一番いいものは例題１は１、例題２は２です。ですか
ら、例題１は１、例題２は２を、例のようにマークし
ます。

問題１３　早くけがが治って、よかったですね。
１　はい、ほんの気持ちです。
２　どうぞお大事に。
３　はい、おかげさまで。

問題１４　くつは、脱いだほうがいいですか。
１　はい、脱ぎたいです。
２　いいえ、まだです。
３　いいえ、そのままで大丈夫です。

問題１５　会社でたばこが吸えますか。
１　いいえ、禁煙です。
２　いいえ、あまり吸いません。
３　いいえ、たばこじゃありません。

問題１６　出張は、だれと行くんですか。
１　先輩に会う予定です。
２　一人で行ったんですよ。
３　たぶん部長とです。

問題１７　返事は、いつまでにしたらいいですか。
１　課長に伝えてください。
２　今日中にお願いします。
３　５時までは忙しいです。

問題１８　昨日、遅くまで起きてたの？
１　うん。だから眠くって。
２　うん。だからすばらしくって。
３　うん。だから寂しくって。

問題１９　ご両親には、会っていますか。
1　ええ、たまに。
2　ええ、すっかり。
3　ええ、ぜひ。

問題２０　わあ、この展覧会、よさそうですね！
1　へえ、そうなんですね。
2　じゃ、一緒に見に行きませんか。
3　いつ行ったんですか。

問題２１　明日は、会社を休ませていただきたいので
　　　　　すが…。
1　ええ、構いませんよ。
2　じゃ、休むように言いましょう。
3　いいえ、休みませんよ。

問題２２　もしもし、今、何してるの？
　　　　　－晩ご飯作っているところだよ。
1　わあ、もうできたの？
2　え？　まだ食べてなかったの？
3　じゃ、今日は私が作るよ。

問題２３　雨かあ。困ったなあ。
　　　　　－よかったらこの傘、お持ちになってくださ
　　　　　い。
1　そうですか。では、参ります。
2　そうですか。では、お借りします。
3　そうですか。では、お持ちします。

問題２４　この仕事、突然部長に頼まれちゃって…。
1　そんなに前から言われてたの？
2　部長、しつこいからね。
3　いきなり言われても困るよね。

問題２５　この通りは、にぎやかですね。
1　にぎやかというより、静かですよ。
2　にぎやかというより、うるさいですよ。
3　にぎやかというより、うれしいですよ。

問題２６　のどがからからだよ。
1　何か飲む？
2　病院に行ったの？
3　わあ、すごいね。

問題２７　ここから駅まで３分足らずだって。
1　そうやって行けばいいんだね。
2　意外と近いんだね。
3　もっと時間があったらよかったね。

問題２８　あれ？　まだ帰らないんですか。
　　　　　－ええ、このレポートが終わってからでない
　　　　　と。
1　じゃ、早く帰りましょう。
2　何か手伝えること、ありますか。
3　え？　もう終わってるんですか。

「＊」の部分は録音されていません。

例題
————————————————————
女：すみません。頭が痛いですから、今日は帰ります。
男：わかりました。
————————————————————
問題　女の人はどうして帰りますか。
＊１　耳が痛いですから
＊２　頭が痛いですから
＊３　歯が痛いですから

一番いいものは２です。ですから、例のように２を
マークします。

1　道で女の人と男の人が話しています。この会話を
　聞いてください。
————————————————————
女：すみません。地下鉄の乗り場は、どこですか。
男：このビルの階段を下りるとありますよ。
女：ありがとうございます。あのう、ここから地下鉄
　　でさくら美術館まで行けますよね？
男：ええ。でも、時間がかかりますよ。電車のほうが
　　安くて、早いですよ。
女：えっ、そうなんですか。
男：ええ。あそこに大きな建物が見えるでしょう？
　　あそこが電車の駅です。歩いて５分くらいですよ。
女：ありがとうございます。じゃ、そうします。
————————————————————
問題２９　女の人は、このあと、何でさくら美術館に
　　　　　行きますか。
＊１　あるいて行きます。
＊２　電車で行きます。
＊３　ちかてつで行きます。

問題３０　会話の内容と合っているのは、どれですか。
＊１　女の人は男の人にさくら美術館の場所を聞きま
　　　した。
＊２　男の人は、ちかてつの乗り場を知りませんでし
　　　た。
＊３　男の人は、女の人にさくら美術館まで早く行け
　　　る方法を教えました。

2　会社で男の人と女の人が話しています。この会話
　を聞いてください。
————————————————————
男：チャンさん、お客様に送る書類に間違いがありま
　　したよ。
女：え、本当ですか。どこですか。
男：商品の値段が古いままです。先月変わったでしょ
　　う？
女：あ、そうでした。すみません。他に間違いはあり
　　ませんでしたか。商品の数とか色とか。
男：大丈夫だと思いますが、もう一度自分でも確認し
　　てください。
女：はい。
男：書類を直したら、宮本さんに見てもらってくださ
　　い。私はこれから会議があるので。
女：はい、わかりました。
————————————————————
問題３１　書類の何に間違いがありましたか。
＊１　商品の数です。
＊２　商品のいろです。
＊３　商品の値段です。

問題３２　男の人は、このあと何をしますか。
＊１　会議に出席します。
＊２　きゃくに書類を送ります。
＊３　書類の間違いを直します。

3　女の人の話を聞いてください。

ーーーーーーーーーーーーーーーーーー

女：私は、先月からダンスを習い始めました。去年か
　　ら会社に行く機会が減って、仕事をほとんど家で
　　するようになると、家から出ない生活が続いて、
　　１年で10キロも太ってしまったからです。少しや
　　せなければと思っていたとき、友だちが一緒にダ
　　ンスを習おうと誘ってくれました。まだ下手です
　　が、踊ることは、楽しいです。これからも続けた
　　いと思っています。

ーーーーーーーーーーーーーーーーーー

問題３３　女の人がダンスを習い始めた理由は、何で
　　　　　すか。
＊１　ダンスがうまくなりたいからです。
＊２　家でもできるからです。
＊３　体重を減らしたいからです。

問題３４　女の人について、話の内容と合っているの
　　　　　は、どれですか。
＊１　去年、会社を辞めました。
＊２　去年から家にいる時間が増えました。
＊３　ダンスを教えている友だちがいます。

4　店で男の店員と客が話しています。この会話を聞
　　いてください。

ーーーーーーーーーーーーーーーーーー

男：いらっしゃいませ。何かお探しですか。
女：ええ、ちょっとスカートを…。
男：最近はこの白い花柄が人気がありますよ。いかが
　　ですか。
女：うーん、デザインがちょっと…。それに、暗い色
　　のほうが好きなんですけど。
男：それでは、こちらはいかがですか。黒と青の２色
　　ございます。
女：わあ、素敵。
男：では、履いてみますか。
女：じゃあ、黒のほうを。サイズはMで。
男：あれ？　黒のMサイズは、今ちょっとここには出
　　てないですね。青でしたらあるのですが…。探し
　　てきますので、少々お待ちください。
女：あ、だったら、それでいいです。
男：かしこまりました。では、こちらへどうぞ。

ーーーーーーーーーーーーーーーーーー

問題３５　女の人は、どうして白いスカートが気に入
　　　　　りませんでしたか。
＊１　いろやデザインが好きじゃありませんでしたか
　　　ら
＊２　同じようなスカートを持っていますから
＊３　ちょうどいいサイズがありませんでしたから

問題３６　女の人は、このあと何をしますか。
＊１　くろいスカートをはいてみます。
＊２　くろいスカートを買います。
＊３　あおいスカートをはいてみます。

5 会社で男の人と女の人がこれから発売する自転車
   について話しています。この会話を聞いてくださ
   い。
－－－－－－－－－－－－－－－－－－－－－－－
男：課長、モニターからのアンケート結果が出ました。
   こちらです。
女：どれどれ…。全国で60代から80代の方100人に利
   用してもらったのよね？
男：はい。「乗ったり降りたりしやすい」、「軽くて
   安定して乗りやすい」という感想がほとんどで、
   全体的に高評価をいただきました。
女：いい評価で、安心したわ。この自転車はお年寄り
   が楽に、安全に乗れるようにと開発したものだか
   ら。これまでの学生や社会人向けの商品とはデザ
   インも色も変えたし。アンケート結果で、他に何
   か気になることはなかった？　値段についてはど
   う？
男：ええ。「値段が高い」という意見が多いのではな
   いかと心配していましたが、意外と少なかったで
   す。自転車の性能がいいので、少し高くても問題
   ないと考える方が多いようです。
女：そう。よかったわ。
男：ですが、色については、厳しい声が多くて…。
   もっと「明るい色にしてほしい」という意見を多
   数いただきました。
女：そうなの？　やっぱりお客様の声を聞かないとわ
   からないことがあるわね。
－－－－－－－－－－－－－－－－－－－－－－－
問題37　新商品は、どんな人のために開発しました
        か。
＊1　年齢が高い人です。
＊2　学生です。
＊3　仕事で自転車を使っている人です。

問題38　アンケートではどんな意見が多かったです
        か。
＊1　乗りにくいという意見です。
＊2　いろがよくないという意見です。
＊3　値段が高いという意見です。

これで聞くテストを終わります。

第5回 J.TEST実用日本語検定（D-Eレベル）
正解とスクリプト

■ 読解・記述問題　350点

《 文法語彙問題 》　各5点（計150点）			《 読解問題 》　各5点（計80点）		《 漢字問題A 》　各4点（40点）
1)　3	11)　3	21)　1	31)　3	41)　2	47)　2
2)　4	12)　1	22)　2	32)　1	42)　2	48)　1
3)　2	13)　2	23)　4	33)　4	43)　3	49)　4
4)　1	14)　2	24)　1	34)　1	44)　4	50)　2
5)　3	15)　4	25)　4	35)　1	45)　1	51)　1
6)　4	16)　4	26)　3	36)　4	46)　2	52)　3
7)　1	17)　3	27)　4	37)　3		53)　1
8)　3	18)　2	28)　1	38)　1		54)　4
9)　2	19)　4	29)　2	39)　3		55)　3
10)　2	20)　1	30)　3	40)　4		56)　3

《 漢字問題B 》 各4点（40点）　＊漢字問題A＋B＝計80点

57) くろ　　　　　61) けいかく　　　　65) くば
58) かぞく　　　　62) うんどう　　　　66) そくたつ
59) ひろ　　　　　63) しんせつ
60) とく　　　　　64) いき

解答例　《 記述問題A 》各5点（20点）　＊(A)と(B)が両方正解で5点。部分点はありません。
67)（A）まえ　　　　　　（B）入り
68)（A）飲み　　　　　　（B）休み
69)（A）安い　　　　　　（B）近い
70)（A）電気　　　　　　（B）だれ

解答例　《 記述問題B 》各5点（20点）＊部分点はありません。　＊記述問題A＋B＝計40点

71) 先生に会ったとき
72) ピアノを弾いている人
73) 忘れないようにたいせつな
74) お宅まで車でお送り

■ 聴解問題　350点

《写真問題》　各5点（計30点）	《聴読解問題》　各10点（計60点）	《 応答問題 》　各10点（計160点）		《 会話・説明問題 》　各10点（計100点）
1)　3	7)　3	13)　2	23)　3	29)　1
2)　3	8)　2	14)　1	24)　1	30)　3
3)　1	9)　2	15)　1	25)　3	31)　1
4)　4	10)　1	16)　2	26)　1	32)　2
5)　2	11)　4	17)　3	27)　2	33)　2
6)　4	12)　3	18)　2	28)　3	34)　1
		19)　1		35)　1
		20)　2		36)　2
		21)　2		37)　3
		22)　3		38)　1

写真問題

例題の写真を見てください。
例題　これは、何ですか。
1　コップです。
2　いすです。
3　ノートです。
4　えんぴつです。

一番いいものは1です。ですから、例のように1を
マークします。

Aの写真を見てください。
問題1　ここは、どこですか。
1　海岸です。
2　教会です。
3　空港です。
4　工場です。

Bの写真を見てください。
問題2　これは、何ですか。
1　サンダルです。
2　ジャムです。
3　セロテープです。
4　ガラスです。

Cの写真を見てください。
問題3　男の人と女の人は、何をしていますか。
1　けんかしています。
2　踊っています。
3　心配しています。
4　予習しています。

Dの写真を見てください。
問題4　これで何をしますか。
1　うそをつきます。
2　試合を見物します。
3　値段を調べます。
4　写真を飾ります。

Eの写真を見てください。
問題5　女の人について、正しい説明はどれですか。
1　腰をひねっています。
2　汗をふいています。
3　首を治療しています。
4　タオルを干しています。

Fの写真を見てください。
問題6　会社に来た客を見送ります。こんなとき、何
　　　　と言いますか。
1　ご無沙汰しております。
2　どうぞおかまいなく。
3　心からお詫び申しあげます。
4　お越しいただきありがとうございました。

聴読解問題

例題を見てください。
男の人と女の人が話しています。

問題　男の人のかばんは、どれですか。
――――――――――――――――――――
男：私のかばんは、黒くて、大きいです。
女：これですか。
男：ええ、そうです。
――――――――――――――――――――
問題　男の人のかばんは、どれですか。

一番いいものは4です。ですから、例のように4を
マークします。

Gを見てください。
図書館の前で女の人と男の人が話しています。

問題7　女の人は、どこへ行きますか。
――――――――――――――――――――
女：すみません。郵便局は、どこですか。
男：公園の前です。でも、少し遠いですよ。
女：そうですか。この荷物を出したいんですが。
男：荷物は、コンビニでも出せますよ。
女：そうですか。コンビニは、近くにありますか。
男：ええ。ここからデパートのほうにまっすぐ行って、
　　一つ目の信号を右に曲がると、ありますよ。5分
　　くらいです。
女：ありがとうございます。そこに行ってみます。
――――――――――――――――――――
問題7　女の人は、どこへ行きますか。

Hを見てください。
家で父と娘が話しています。

問題8　娘は、何を持って行きますか。
ーーーーーーーーーーーーーーーーーーーーーーーーー
男：みき、早くしないと遅刻するぞ。
女：わかってるって。あ、お父さん、今日帰るのが遅くなるから。じゃ、行ってきます。
男：おい、お弁当、忘れてるぞ。
女：あ、いけない。ありがとう。
男：それから、傘も持って行きなさい。午後から雨だから。
女：要らないよ。傘は、会社にあるから大丈夫。
男：じゃ、上着を持って行きなさい。天気予報では、夜、寒くなるって言ってたから。
女：うん、わかった。じゃ、行ってきます。
ーーーーーーーーーーーーーーーーーーーーーーーーー
問題8　娘は、何を持って行きますか。

Iを見てください。
会社で女の人と男の人が話しています。

問題9　女の人は、どの日がいいと連絡しますか。
ーーーーーーーーーーーーーーーーーーーーーーーーー
女：部長、さきほど神戸の工場から電話がありました。3日の打ち合わせですが、都合が悪くなったそうです。4日か来週がいいそうです。
男：そっか。4日は、僕、休みを取る予定なんだよ。
女：では、来週の火曜にしますか。その前の日は、こちらで会議がありますし。
男：いや、その会議のまえに工場の担当者と話しておかないとだめなんだ。じゃ、仕方がない、この日しかないか。
女：え、でも、部長、お休みを取る予定ですよね？
男：いや、休みは別の日にするからいいよ。そう工場に連絡しておいて。
女：わかりました。では、すぐに電話します。
ーーーーーーーーーーーーーーーーーーーーーーーーー
問題9　女の人は、どの日がいいと連絡しますか。

Jを見てください。
男の人が話しています。

問題10　男の人は、今晩、寝るまえに何をしますか
ーーーーーーーーーーーーーーーーーーーーーーーーー
男：私は夜、なかなかすぐに眠れません。 会社の友だちは、ふとんの中で本を読んでいると、すぐに眠くなると言うので、私もやってみました。でも、本を読みだすとおもしろくて、朝まで読んでしまいました。別の友だちは、熱いお風呂に入ってから、寝るといいと教えてくれましたが、朝シャワーを浴びる私には合いません。眠りやすくする薬もあるそうですが、できれば飲みたくないです。ある雑誌に、寝るまえに簡単な運動をするといいと書いてありました。今晩は、これをやってみようと思います。
ーーーーーーーーーーーーーーーーーーーーーーーーー
問題10　男の人は、今晩、寝るまえに何をしますか

Kを見てください。
会社で男の人と女の人が話しています。

問題11　女の人は、このあと誰と話しますか。
ーーーーーーーーーーーーーーーーーーーーーーーーー
男：あれ、小池さん、どうしてその資料作ってるの？もうあけぼの商事のチンさんにメールで送ったんじゃないの？
女：あ、課長。実は、送るまえに確認していたら、データが違うことに気づいて。
男：そうか。送るまえでよかったけど、それ、作ったのは森本さんだろう？　森本さんに話したら？
女：課長、森本さん、今日はお休みですよ。
男：あ、そうだった。ところで、どこが違ってたの？
女：この部分です。去年の売り上げのところです。
男：ああ、これならグエンさんが詳しいよ。
女：そうなんですか。じゃ、さっそく聞いてみます。
ーーーーーーーーーーーーーーーーーーーーーーーーー
問題11　女の人は、このあと誰と話しますか。

Lを見てください。
会議で女の人が話しています。

問題１２　「仕事内容」は、どれですか。
ーーーーーーーーーーーーーーーーーー
女：こちらは、今年入社した社員に「仕事において満
　　足していること」を聞いたアンケートの結果です。
　　最も多かったのが「人間関係」で６割を超えまし
　　た。「意見が言いやすい」も半数以上となったの
　　は、喜ばしい結果です。一方、「給料」は20パー
　　セント以下となり、「その他」を除いて最も低く
　　なりましたが、近年の景気を考えると仕方がない
　　でしょう。注目すべきは、「仕事内容」が30パー
　　セントに届かなかった点です。毎日の業務に満足
　　していないというのは、大きな問題です。これに
　　ついては、より詳しい調査を行う予定です。
ーーーーーーーーーーーーーーーーーー
問題１２　「仕事内容」は、どれですか。

応答問題

例題１　おはようございます。
１　おはようございます。
２　おやすみなさい。
３　さようなら。

例題２　お仕事は？
　　　　ー会社員です。
１　私も会社員じゃありません。
２　私も会社員です。
３　私も医者です。

一番いいものは例題１は１、例題２は２です。ですか
ら、例題１は１、例題２は２を、例のようにマークし
ます。

問題１３　このケーキをひとつください。
１　ちょっとそこまで。
２　かしこまりました。
３　いらっしゃいませ。

問題１４　寿司を食べたことがありますか。
１　いいえ、一度も。
２　いいえ、それほど。
３　いいえ、また今度。

問題１５　明日、雨でもキャンプに行きますか。
１　いいえ、うちにいます。
２　はい、行きました。
３　いいえ、いい天気です。

問題１６　どの資料が必要ですか。
１　ええ、もちろんいります。
２　山田さんに聞いてください。
３　それはいいですね。

問題１７　そのかばん、どこで買ったの？
１　これは、友だちに買ってあげたの。
２　うーん、たぶん高いと思う。
３　さあ…。母が買ってくれたから。

問題１８　一緒にお花見しませんか。
１　え？　結婚したんですか。
２　え？　さくらの季節は終わりましたよ。
３　わあ、生け花を習っているんですね。

問題１９　今、ダイエット中なの。
1　もっと痩せたいの？
2　ぼくも。便利だもんね。
3　じゃ、乾杯しよう。

問題２０　会議室のエアコン、壊れたままですよ。
1　古くても、まだ使えますよ。
2　え？　いつからですか。
3　よかった。修理したんですね。

問題２１　このレポート、ちょっとわかりにくいです
　　　　　　ね。
1　ええ、時間をかけて作りました。
2　では、作り直します。
3　ええ、ありがとうございます。

問題２２　ロイさん、まだ来ないですね。もう会議が
　　　　　　始まるのに。
　　　　　　－昨日、調子が悪そうでしたよ。
1　じゃ、今日は休むはずがありませんね。
2　じゃ、休みたがっているんですね。
3　じゃ、休みかもしれませんね。

問題２３　この料理、私が作ったんです。
　　　　　　－わあ、おいしそう。
1　どうぞいらっしゃってください。
2　どうぞおっしゃってください。
3　どうぞ召し上がってください。

問題２４　高橋さん、会社辞めたんだって？
1　ええ、突然。
2　ええ、いっぺんに。
3　ええ、かなり。

問題２５　この魚、新鮮ですね。
1　はい、辛くて食べられません。
2　はい、あまりおいしくないですね。
3　はい、今朝釣ったばかりですから。

問題２６　バス、まだかなあ。10分も遅れてるよ！
1　そんなにいらいらしないで。
2　そんなにうきうきしないで。
3　そんなにわくわくしないで。

問題２７　最近、仕事、忙しそうだね。
1　うん、どうりで忙しいわけだよ。
2　うん、昨日も残業で、眠くてしょうがないよ。
3　うん、早く帰っても休むとは限らないよ。

問題２８　このお菓子、どうしたの？
　　　　　　－課長からのおみやげです。
1　おみやげくらいのものですね。
2　出張のせいじゃないですよ。
3　出張のたびに買ってきてくれますね。

「＊」の部分は録音されていません。

例題
——————————————————————
女：すみません。頭が痛いですから、今日は帰ります。
男：わかりました。
——————————————————————
問題　女の人はどうして帰りますか。
＊１　耳が痛いですから
＊２　頭が痛いですから
＊３　歯が痛いですから

一番いいものは２です。ですから、例のように２を
マークします。

１　男の人の話を聞いてください。
——————————————————————
男：私は、九州の小さな村で生まれました。子どもの
　　ころは、いつも山や川で遊んでいました。18歳の
　　とき、東京の大学に行くために村を出ました。都
　　会には何でもあって、大学生活は、いなかとは違
　　う楽しさがありました。今も妻と息子と東京に住
　　んでいます。でも、このごろ、このまま都会にい
　　るのはどうだろうと思うようになりました。息子
　　は外で遊ばないで、家でゲームばかりしているん
　　です。「子どもはいなかで育てたいね」と、最近、
　　妻とよく話しています。
——————————————————————
問題２９　男の人は、子どものころ、どこで遊んでい
　　　　　ましたか。
＊１　山です。
＊２　海です。
＊３　家の中です。

問題３０　男の人について、話の内容と合っているの
　　　　　は、どれですか。
＊１　これからも東京に住みたいと思っています。
＊２　大学生活は、つまらなかったと思っています。
＊３　いなかで子どもを育てたほうがいいと思ってい
　　　ます。

２　電話で女の人と男の人が話しています。この会話
　　を聞いてください。
——————————————————————
女：はい。はまなす商事でございます。
男：あ、木下さん？　水田です。
女：水田さん！　連絡がないから、みんな心配してる
　　わよ。病気？
男：ううん、そうじゃないんだけど。
女：じゃあ、寝坊？
男：違うよ。事故で、電車が止まってるんだよ。バス
　　もすごい人で乗れないんだ。だから会社に着くの
　　は、昼過ぎになると思う。
女：そうなの。大変ね。みんなに伝えておくわね。
男：ありがとう。それでお願いがあるんだけど、会議
　　の資料、部長に渡してくれる？　僕の机の上にあ
　　るから。
女：うん、わかった。
——————————————————————
問題３１　男の人が遅れる理由は何ですか。
＊１　電車が止まっていますから
＊２　寝坊しましたから
＊３　体調が悪いですから

問題３２　女の人は、このあと何をしますか。
＊１　資料を作ります。
＊２　部長に資料を渡します。
＊３　会議に参加します。

3 男の人と女の人が話しています。この会話を聞いてください。

────────────────────

男：斎藤さん、何か中国語のいい勉強方法、知りませんか。

女：えっ、急にどうしたんですか。最近中国の映画が人気だから、中国語に興味を持ったとか？

男：違いますよ。実は来月、1か月間中国の工場に出張することになって。

女：へえ。

男：やっぱり斎藤さんのように中国語の教室に通わないとだめですかねえ。

女：そうですねえ…。教室はおすすめですけど、来月出張なら、時間ありませんよね。ラジオ番組を聞くのはどうですか。

男：ラジオですか？ それなら、僕、テレビ番組のほうがいいなあ。

女：今のラジオ番組は、いつでも好きなときに聞けるんですよ。だから、通勤途中とか空いた時間をうまく使って勉強できると思いますよ。

男：なるほど。それ、いいですね。やってみます。

────────────────────

問題33 男の人は、どうして中国語を勉強したいと言っていますか。

＊1 中国人の友だちができましたから
＊2 中国に出張しますから
＊3 中国の映画に興味がありますから

問題34 男の人は、どうやって中国語の勉強をしますか。

＊1 ラジオ番組を聞きます。
＊2 テレビ番組を見ます。
＊3 教室に通います。

4 会社で女の人と男の人が話しています。この会話を聞いてください。

────────────────────

女：松本さん、今、サンライズ貿易のスミスさんから連絡があって、金曜日にこちらに打ち合わせに来られるそうです。松本さんも一緒に出席していただけませんか。

男：ああ、新製品についての打ち合わせ、スミスさんが担当か。それは出ておきたいなあ。何時から？

女：10時から2時間の予定です。そのあと、昼食も一緒にすることになっています。

男：10時かあ…。朝は、会社説明会の準備があるんだよなあ。

女：じゃ、難しいですかね。

男：いや、準備は僕じゃなくても大丈夫だろう。南さんなら代わってくれそうだから、ちょっと頼んでみるよ。

女：そうですか。よかった。では、スミスさんに松本さんの出席を伝えておきますね。

男：うん、よろしく。

────────────────────

問題35 女の人は、男の人に何を頼みましたか。

＊1 打ち合わせに出ることです。
＊2 会社説明会の準備をすることです。
＊3 客に新製品について説明することです。

問題36 女の人は、このあと何をしますか。

＊1 昼ご飯を食べに行きます。
＊2 サンライズ貿易に連絡します。
＊3 南さんに仕事を頼みます。

5　会社で男の人と女の人が話しています。この会話
　　を聞いてください。
————————————————————
男：先輩、秋に発売する製品の案内を作ったんですけ
　　ど、見ていただけますか。
女：どれどれ。うん、製品の説明文もわかりやすいし、
　　全体的なデザインも悪くないよ。
男：ありがとうございます。じゃ、これで印刷会社に
　　注文しちゃいますね。今からなら、今日の締め切
　　りにぎりぎり間に合いそうなので。
女：ちょっと待って。この写真、変えられない？　こ
　　れじゃ、製品の魅力がちゃんと伝わらないんじゃ
　　ないかな。
男：確かに僕も少し気になっていたんですが…。でも、
　　もう一度撮るとなるとお金もかかりますし、それ
　　にもう、時間もないですし…。
女：うーん、じゃ、山下さんに相談してみたらどうか
　　な？
男：え？　山下さんですか。
女：うん。彼は去年まで製品の案内作成を担当してい
　　たから、何かいいアドバイスくれると思う。
男：そうですか。じゃ、すぐに。
————————————————————
問題37　男の人は、このあとまず、どうしますか。
＊1　案内の説明文を直します。
＊2　印刷会社に連絡します。
＊3　以前の担当者と話します。

問題38　案内について、会話の内容と合っているの
　　　　は、どれですか。
＊1　女の人は、デザインはいいと思っています。
＊2　男の人は、写真は必要ないと思っています。
＊3　印刷には時間がかかります。

これで聞くテストを終わります。

第6回 J.TEST実用日本語検定（D-Eレベル）
正解とスクリプト

■ 読解・記述問題　350点

《 文法語彙問題 》 各5点（計150点）			《 読解問題 》 各5点（計80点）		《 漢字問題A 》 各4点（40点）
1) 1	11) 4	21) 2	31) 3	41) 3	47) 2
2) 3	12) 4	22) 1	32) 4	42) 2	48) 4
3) 4	13) 2	23) 2	33) 1	43) 4	49) 3
4) 2	14) 3	24) 4	34) 3	44) 1	50) 4
5) 3	15) 1	25) 1	35) 2	45) 2	51) 1
6) 2	16) 2	26) 3	36) 2	46) 4	52) 2
7) 3	17) 1	27) 3	37) 1		53) 3
8) 4	18) 4	28) 3	38) 4		54) 1
9) 2	19) 3	29) 4	39) 1		55) 2
10) 1	20) 1	30) 3	40) 3		56) 3

《 漢字問題B 》 各4点（40点）　*漢字問題A＋B＝計80点
- 57) あじ
- 58) ちゅうし
- 59) かる
- 60) しゅっぱつ
- 61) やさい
- 62) ちず
- 63) もり
- 64) ゆめ
- 65) たす
- 66) しゅるい

解答例　《 記述問題A 》 各5点（20点）　*(A)と(B)が両方正解で5点。部分点はありません。
- 67)（A）みがいて　　　　（B）シャワー
- 68)（A）やさしい　　　　（B）はじめ
- 69)（A）がんばり　　　　（B）帰る
- 70)（A）家　　　　　　　（B）ためて

解答例　《 記述問題B 》 各5点（20点）*部分点はありません。　*記述問題A＋B＝計40点

> 71) 昼ご飯を食べたあとで
> 72) くだものの中でどれがいちばん
> 73) 急に雨が降り
> 74) 部屋のまどを開けた

■ 聴解問題　350点

《写真問題》 各5点(計30点)	《聴読解問題》 各10点(計60点)	《 応答問題 》 各10点(計160点)		《 会話・説明問題 》 各10点(計100点)
1) 2	7) 4	13) 3	23) 2	29) 1
2) 1	8) 2	14) 1	24) 3	30) 2
3) 3	9) 3	15) 2	25) 1	31) 3
4) 4	10) 1	16) 3	26) 2	32) 2
5) 2	11) 1	17) 2	27) 2	33) 2
6) 3	12) 4	18) 3	28) 1	34) 3
		19) 1		35) 2
		20) 1		36) 1
		21) 3		37) 1
		22) 2		38) 3

第6回 D-Eレベル　聴解スクリプト

[写真問題]

例題の写真を見てください。
例題　これは、何ですか。
1　コップです。
2　いすです。
3　ノートです。
4　えんぴつです。

一番いいものは1です。ですから、例のように1を
マークします。

Aの写真を見てください。
問題1　ここは、どこですか。
1　区役所です。
2　工場です。
3　海岸です。
4　空港です。

Bの写真を見てください。
問題2　これは、何ですか。
1　電池です。
2　ふとんです。
3　たなです。
4　鏡です。

Cの写真を見てください。
問題3　女の人は、何をしていますか。
1　運転しています。
2　予習しています。
3　運動しています。
4　研究しています。

Dの写真を見てください。
問題4　これで何をしますか。
1　輸入します。
2　見学します。
3　紹介します。
4　注射します。

Eの写真を見てください。
問題5　女の人について、正しい説明は、どれですか。
1　男の人を追いかけています。
2　男の人を見送っています。
3　男の人と握手しています。
4　男の人と待ち合わせています。

Fの写真を見てください。
問題6　お客様が欲しい商品が全部売れてしまいまし
　　　　た。こんな時、お客様に何と言いますか。
1　締め切りです。申し訳ございません。
2　満足です。申し訳ございません。
3　売り切れです。申し訳ございません。
4　気に入りました。申し訳ございません。

[聴読解問題]

例題を見てください。
男の人と女の人が話しています。

問題　男の人のかばんは、どれですか。
――――――――――――――――――――
男：私のかばんは、黒くて、大きいです。
女：これですか。
男：ええ、そうです。
――――――――――――――――――――
問題　男の人のかばんは、どれですか。

一番いいものは4です。ですから、例のように4を
マークします。

Gを見てください。
会社で男の人と女の人が話しています。

問題7　男の人は、ホワイトボードにどのように書
　　　　きますか。
――――――――――――――――――――
男：冬休み、いつ取る予定ですか。
女：26 日から4日間です。もうホワイトボードに書
　　きましたよ。
男：いいですね。24 日と 25 日の土・日も休みだか
　　ら、12 日間続けて休みになりますね。ぼくは、
　　どうしようかな。26 日の会議には出ないといけ
　　ないんですよ。
女：じゃ、27 日から休んだら、どうですか。
男：いや、正月ももっと休みたいから、12 月は 27
　　日まで出て、そのあと2日間、そして 1 月も 2
　　日間、休みを足して取ることにします。じゃ、
　　ぼくもホワイトボードに書きますね。
――――――――――――――――――――
問題7　男の人は、ホワイトボードにどのように書
　　　　きますか。

Hを見てください。
電話で男の人と女の人が話しています。

問題8　女の人は、どの人に本を渡しますか。
――――――――――――――――――――――
男：あ、田中さん？　ごめんね。今、熱があって、約
　　束の時間に行けないんだ。
女：えー、大丈夫？
男：うん、薬飲んだから。で、悪いけど本は妹に渡し
　　てくれないかな。もうそっちに行ってるはずだか
　　ら。
女：わかった。で、妹さんって？
男：高校生で…。
女：じゃあ、制服なの？
男：ううん、制服は着てないんだ。髪が長くて、かば
　　んを持ってる。
女：ああ、髪を結んでるズボンの子か。わかった。
男：いやいや、水玉のスカートだった。
女：あ、あの子ね。じゃ、渡しとくね。
男：ありがとう。
――――――――――――――――――――――
問題8　女の人は、どの人に本を渡しますか。

Iを見てください。
会社で女の人と男の人が話しています。

問題9　インターネットで店に何を注文しますか。
――――――――――――――――――――――
女：今日のお昼ご飯、ネットで店に注文して届けても
　　らおうと思っているんですけど、一緒にどうです
　　か。私は、魚の定食とコーヒーにしますけど。
男：じゃあ、サラダをお願いします。
女：それだけですか。いつもラーメンなのに。きちん
　　と食べないと午後から仕事ができませんよ。
男：いや、実は、お弁当を持って来ているんですけど、
　　もうちょっとほしいと思ったんです。あと、飲み
　　物もほしいので、菊池さんと同じのを頼んでくだ
　　さい。
女：わかりました。
――――――――――――――――――――――
問題9　インターネットで店に何を注文しますか。

Jを見てください。
会社の朝のミーティングで、課長が、今日のスケ
ジュールを見ながら話しています。

問題10　課長が、今日、昼休みを取るのは、いつで
　　　　すか。
――――――――――――――――――――――
女：おはようございます。朝のミーティングを始めま
　　す。今日は、アルバイトの野村さんが休みなので
　　うちの課は、私と栗田さんの2人だけですね。こ
　　の後、荷物を送る作業がありますが、私も参加し
　　ます。11時20分ごろにNK社の清水様がいらっ
　　しゃいますが、私は11時からの会議に出ないと
　　いけないので、栗田さんに対応をお願いします。
　　清水様が帰られたら、栗田さんは昼休みをとって
　　シマダ商事へ向かってください。今日は、午後、
　　事務所で1人になるので、私が電話を取ります。
　　営業部の会議の後は外出できなくなるので、
　　ちょっと早いですが、その前に昼休みを取ります
　　よろしくお願いします。
――――――――――――――――――――――
問題10　課長が、今日、昼休みを取るのは、いつで
　　　　すか。

Kを見てください。
女の人と男の人がリストを見ながら話しています。

問題11　女の人は、このあと何を買いに行きますか。
――――――――――――――――――――――
女：これ、市民センターでもらったんだけど、「災害
　　に備えて持ち歩きたいもの」のリストなの。
男：ふーん。これ全部、いつも持ち歩けってこと？
女：そう。災害のとき、こういうのがあったら、たし
　　かに頭は守れるけど、持ち歩くのはどうかな。
男：荷物が重くなっちゃうよね。
女：でも、私、マスクは持ってるよ。
男：ああ、最近はそういう人、多いかもしれないね。
女：あと、これも持ってるんだ。だれかに助けてほし
　　いとき、吹くの。
男：なるほど。
女：でも、これはないから、今から買いに行ってくる。
男：それはいいけど、食べちゃったら意味がないよ。
女：当たり前でしょ。失礼ね！　困ったときのために
　　かばんに入れておくのよ。
――――――――――――――――――――――
問題11　女の人は、このあと何を買いに行きますか。

Lを見てください。
女の人が結婚式を行う場所について話しています。

問題１２　女の人が自分の結婚式に使いたいと思って
　　　　　いるのは、どれですか。
――――――――――――――――――――――
女：私は来年結婚する予定です。相手の人は、レスト
　　ランの料理人です。今、結婚式についていろいろ
　　調べているところです。先日、こんなグラフを見
　　ました。ある地域で行われた結婚式の場所に関す
　　る調査の結果です。以前はホテルが最も人気だっ
　　たようですが、今は結婚式場に抜かれてしまって
　　います。やはり専用の式場のほうがいろいろな工
　　夫があるし、安心して任せられるからでしょうか。
　　ゲストハウスも以前より増えています。知り合い
　　もこの形式でした。自分たちにぴったりの式がで
　　きたと、嬉しそうでした。私がいいなと思う形式
　　は、このグラフでは数が少ないです。彼と出会っ
　　た場所で、式も挙げられるなんて素敵だなと思う
　　からです。あなたの職場で式をしたいんだけどっ
　　て言ったら、彼、びっくりするでしょうか。
――――――――――――――――――――――
問題１２　女の人が自分の結婚式に使いたいと思って
　　　　　いるのは、どれですか。

応答問題

例題１　おはようございます。
１　おはようございます。
２　おやすみなさい。
３　さようなら。

例題２　お仕事は？
　　　　－会社員です。
１　私も会社員じゃありません。
２　私も会社員です。
３　私も医者です。

一番いいものは例題１は１、例題２は２です。ですか
ら、例題１は１、例題２は２を、例のようにマークし
ます。

問題１３　メールをまちがえて送ってしまいました。
１　それはおめでとう。
２　それはお世話になりました。
３　それはいけませんね。

問題１４　お花見に行ったことがありますか。
１　いいえ、まだないんです。
２　ええ、もう帰りました。
３　はい、行きましょう。

問題１５　１時から２階の部屋を使ってもいいですか。
１　ええ、田中さんが使います。
２　はい、使えますよ。
３　いいえ、使わなくてもいいです。

問題１６　これはいつ送ればいいですか。
１　入り口です。
２　速達です。
３　ちょっと確認します。

問題１７　次の会議はいつですか。
１　間に合ってよかったです。
２　まだ決まっていません。
３　差し上げます。

問題１８　仕事が遅れたことについて、向こうの会社
　　　　　の人は、全然謝らなかったんですか。
１　いいえ。「おめでとう」と言っていました。
２　いいえ。「ありがとう」と言っていました。
３　いいえ。「すみません」と言っていました。

問題１９　のどが渇いたね。
1　何か飲もうか。
2　手伝おうか。
3　心配しないで。

問題２０　あれ、電気がついていますね。
1　ええ、さっき私がつけました。
2　ええ、暗いですね。
3　スイッチを押せばつきますよ。

問題２１　その仕事、私にやらせてください。
1　では、やってあげましょう。
2　では、やってみます。
3　では、やってもらいましょう。

問題２２　これ、何だかわかりますか。
　　　　　ーさあ。
1　わかりますよ。
2　消しゴムですよ。
3　知りませんよ。

問題２３　いつ、こちらへいらっしゃいますか。
　　　　　ー来週木曜日の10時がいいんですが。
1　承知しました。ご覧になります。
2　承知しました。お待ちしています。
3　承知しました。まいります。

問題２４　資料のここ、間違えているようですよ。
1　はい、ちゃんと見つけてくださいね。
2　それは、よかったです。安心しました。
3　すみません、もう一度確かめます。

問題２５　昨日のサッカーの試合、負けちゃったって
　　　　　聞いたけど。
1　そうなんだ。くやしいよ。
2　そうなんだ。めんどくさいよ。
3　そうなんだ。えらいよ。

問題２６　楽しみにしていた旅行、行けなくなったん
　　　　　ですか。
1　ええ。どきどきしました。
2　ええ。がっかりしました。
3　ええ。ゆっくりしました。

問題２７　パーティー、来ればよかったのに。
1　ほんと。行ってよかったよ。
2　ほんと。行きたかったなあ。
3　ほんと。行きたくないよ。

問題２８　昨日駅で山口さんを見かけたんだけど。
　　　　　ーえっ。山口さんのわけがないよ。
1　そうよね。山口さんは、出張中だし。
2　そうよね。山口さんはいつも駅を利用してるし。
3　そうよね。山口さん元気そうだったし。

「＊」の部分は録音されていません。

列題
———————————————————
女：すみません。頭が痛いですから、今日は帰ります。
男：わかりました。
———————————————————
問題　女の人はどうして帰りますか。
＊１　耳が痛いですから
＊２　頭が痛いですから
＊３　歯が痛いですから

一番いいものは２です。ですから、例のように２を
マークします。

１　女の人と男の人が話しています。この会話を聞い
　　てください。
———————————————————
女：田中さん、さっきドアの前でこのライターを拾っ
　　たんですが、田中さんのじゃないですか？
男：えっ、どれ？　いや、これは、ぼくのじゃないよ。
女：そうですか。じゃ、だれが落としたのかしら。
男：たしか課長もこれと似たライターを持っていたと
　　思うけど…。あ、これは課長が卒業した大学の
　　マークだから、やっぱり課長のじゃないかな。課
　　長は、今、社長室に行っているから、帰ってきた
　　ら聞いてみるといいよ。
女：わかりました。
———————————————————
問題２９　女の人は、最初、だれにライターのことを
　　　　　たずねましたか。
＊１　田中さんです。
＊２　課長です。
＊３　社長です。

問題３０　女の人は、このあと、何をしますか。
＊１　社長室へ行きます。
＊２　課長が帰ってきたら聞いてみます。
＊３　田中さんにライターを渡します。

２　会社で男の人と女の人が話しています。この会話
　　を聞いてください。
———————————————————
男：佐藤さん、明日の会議の資料をコピーしてほし
　　いんだけど。
女：はい、わかりました。
男：終わったら、ぼくの机の上に置いておいて。
女：はい、課長の机ですね。これからお客さんに電
　　話をしないといけないので、そのあとでもいい
　　ですか。
男：ああ、今日中ならいつでもいいよ。ぼくは、今
　　から本社へ行って、そのまま帰るから、佐藤さ
　　んも５時になったら帰ってください。
女：はい、わかりました。
男：じゃ、よろしく。
———————————————————
問題３１　女の人は、このあとまず何をしますか。
＊１　資料をコピーします。
＊２　資料を課長の机の上に置きます。
＊３　客に電話します。

問題３２　男の人は、このあとまず何をしますか。
＊１　会議にしゅっせきします。
＊２　本社へ行きます。
＊３　うちへ帰ります。

3　家で夫と妻が話しています。この会話を聞いてください。

————————————————

男：明日、会社の帰りに病院行ってくるよ。友だちの佐々木が事故にあって入院したらしいんだ。

女：そうなの？　お見まいにいくら持って行く？

男：現金より物のほうがいいと思ってるんだ。あいつは本が好きだから、小説とか雑誌とかがいいと思って。

女：でも選ぶの、難しくない？　絵を描く道具とかはどう？

男：絵が趣味だとは思えないなあ。やっぱり本にするよ。適当にいろいろ持ってくから。

女：そうね。でも、やっぱりお金も渡したほうがいいんじゃない？

男：そうだな。急なことで、準備する時間もなかったかもしれないし。

女：うん。入院してすぐは、必要なものが多いものよね。

————————————————

問題３３　男の人は、友だちに何をあげますか。

＊１　お金です。

＊２　お金と本です。

＊３　お金と絵の道具です。

問題３４　男の人は、どうして現金を持って行くことにしましたか。

＊１　友だちがお金を貸してほしいと言いましたから

＊２　友だちのほしい物が何か、よくわかりませんから

＊３　友だちが病院にお金をもって行けなかったかもしれませんから

4　アパートの前で大家と女の人が話しています。この会話を聞いてください。

————————————————

男：あ、新井さん、今月の家賃、まだですか。

女：あ、大家さん、すみません。実は、アルバイトしていた店がなくなって、今、仕事もお金もないんです。

男：はあ…。

女：今、新しい仕事を探しているところなので、もう少し待っていただけませんか。

男：しかたがないですね。じゃ、いつごろ払えそうですか。

女：来月、必ず２か月分、払います。仕事が見つからなかったら、両親か友だちに頼んでお金を借りますから。

男：わかりました。

女：すみません、今からアルバイトの面接があるのでもう行ってもいいですか。

男：ええ。よろしく頼みますよ。

————————————————

問題３５　女の人は、このあと、何をしますか。

＊１　家賃を払います。

＊２　アルバイトのめんせつを受けます。

＊３　両親に会います。

問題３６　女の人は、どうして今、お金がありませんか。

＊１　今、仕事をしていませんから

＊２　両親に給料を渡しましたから

＊３　友だちにお金を貸しましたから

5　男の人の話を聞いてください。
ーーーーーーーーーーーーーーーーーーーー
男：ぼくは、毎日電車に乗っているとき、ずっと携帯
　　電話でニュースをチェックしています。ある日、
　　携帯電話を家に忘れてしまったので、電車の中で
　　することがなくなりました。そこで窓の外を見て
　　みると、木の葉の色が赤や黄色になっていました。
　　ぼくは、驚きました。ぼくが毎日携帯電話をじっ
　　と見ている間に、いつの間にか季節が夏から秋に
　　変わっていたのです。きれいな景色を見ながら、
　　これからは、携帯電話ばかりではなく、もう少し
　　外を見るようにしようと思いました。
ーーーーーーーーーーーーーーーーーーーー
問題３７　男の人は、どうして驚きましたか。
＊１　知らない間にまどの外の景色が変わっていまし
　　　たから
＊２　電車の中で、携帯電話が壊れていることに気が
　　　つきましたから
＊３　いつの間にか知らない街まで来ていましたから

問題３８　男の人について、話の内容と合っているの
　　　　　は、どれですか。
＊１　携帯電話の会社で仕事をしています。
＊２　木の葉が赤くなったことをニュースで知りまし
　　　た。
＊３　毎日電車で携帯電話を使っています。

これで聞くテストを終わります。

J.TEST実用日本語検定(D-E)

日本語検定協会

◆ 名前を書いてください。
Write your name.

名前
Name

◆ 名前をローマ字で書いてください。
Write your name in roman letter.

名前
Name

◆ 漢字名がある人は、漢字で名前を書いてください。
Write your name in Kanji if you have.

名前(漢字)
Name(Kanji)

◆ 受験番号を書いてください。
Write your Examinee Registration Number below.

◆ 下のマーク欄に受験番号をマークしてください。
Mark your Examinee Registration Number below.

受 験 番 号
Examinee Registration Number

⓪	⓪	⓪	⓪	⓪	⓪	⓪	⓪	⓪
①	①	①	①	①	①	①	①	①
②	②	②	②	②	②	②	②	②
③	③	③	③	③	③	③	③	③
④	④	④	④	④	④	④	④	④
⑤	⑤	⑤	⑤	⑤	⑤	⑤	⑤	⑤
⑥	⑥	⑥	⑥	⑥	⑥	⑥	⑥	⑥
⑦	⑦	⑦	⑦	⑦	⑦	⑦	⑦	⑦
⑧	⑧	⑧	⑧	⑧	⑧	⑧	⑧	⑧
⑨	⑨	⑨	⑨	⑨	⑨	⑨	⑨	⑨

◇ 読解・記述
【Reading／Writing】

	①	②	③	④
1	①	②	③	④
2	①	②	③	④
3	①	②	③	④
4	①	②	③	④
5	①	②	③	④
6	①	②	③	④
7	①	②	③	④
8	①	②	③	④
9	①	②	③	④
10	①	②	③	④
11	①	②	③	④
12	①	②	③	④
13	①	②	③	④
14	①	②	③	④
15	①	②	③	④
16	①	②	③	④
17	①	②	③	④
18	①	②	③	④
19	①	②	③	④
20	①	②	③	④
21	①	②	③	④
22	①	②	③	④
23	①	②	③	④
24	①	②	③	④
25	①	②	③	④
26	①	②	③	④
27	①	②	③	④
28	①	②	③	④
29	①	②	③	④
30	①	②	③	④

	①	②	③	④
31	①	②	③	④
32	①	②	③	④
33	①	②	③	④
34	①	②	③	④
35	①	②	③	④
36	①	②	③	④
37	①	②	③	④
38	①	②	③	④
39	①	②	③	④
40	①	②	③	④
41	①	②	③	④
42	①	②	③	④
43	①	②	③	④
44	①	②	③	④
45	①	②	③	④
46	①	②	③	④

	①	②	③	④
47	①	②	③	④
48	①	②	③	④
49	①	②	③	④
50	①	②	③	④
51	①	②	③	④
52	①	②	③	④
53	①	②	③	④
54	①	②	③	④
55	①	②	③	④
56	①	②	③	④

57～74のこたえは
うらに書いてください。

Write the answers
from No.57 to No.74
questions on the
back of this sheet.

◇ 聴解
【Listening】

	①	②	③
れい	①	●	③
1	①	②	③
2	①	②	③
3	①	②	③
4	①	②	③
5	①	②	③
6	①	②	③
7	●	②	③
8	①	②	③
9	①	②	③
10	①	②	③
11	①	②	③
12	①	②	③

	①	②	③	④
れい	①	②	③	●
7	①	②	③	●

	①	②	③
れい1	①	●	③
れい2	①	②	③
13	①	②	③
14	①	②	③
15	①	②	③
16	①	②	③
17	①	②	③
18	●	②	③
19	①	②	③
20	①	②	③
21	①	②	③
22	①	②	③
23	①	②	③
24	①	②	③
25	①	②	③
26	①	②	③
27	①	②	③
28	①	②	③

	①	②	③
れい	①	●	③
29	①	②	③
30	①	②	③
31	①	②	③
32	①	②	③
33	①	②	③
34	①	②	③
35	①	②	③
36	①	②	③
37	①	②	③
38	①	②	③

日本語検定協会

◇ 57〜74のこたえを書いてください。

No.		
57		
58		
59		
60		
61		
62		
63		
64		
65		
66		

No.	(A)	(B)
67	(A)	(B)
68	(A)	(B)
69	(A)	(B)
70	(A)	(B)

No.	
71	
72	
73	
74	

外国人のための日本語力テスト

実用日本語検定

J.TEST

TEST OF PRACTICAL JAPANESE

実用日本語検定（J.TEST）とCEFR・日本語能力試験（JLPT）の対応表 ※1

「日本語教育の参照枠」※2 CEFR	J.TEST（年6回実施）			JLPT（年2回実施）	
		レベル	スコア		
			1000点満点		
	A-Cレベル試験	特A級	930点以上		
* CEFR C2		A級	900点以上		
		準A級	850点以上		
		B級	800点以上		
* CEFR C1		準B級	700点以上	N1	*大学入試レベル
* CEFR B2		C級	600点以上	N2	*専門学校入試レベル
	D-Eレベル試験		**700点満点**		
* CEFR B1		D級	500点以上	N3	
* CEFR A2		E級	350点以上	N4	*実習生入国レベル
	F-Gレベル試験		**350点満点**		
* CEFR A1		F級	250点以上	N5	*日本語学校入学レベル
		G級	180点以上		

※1　JLPTとCEFRの対応関係は、当事務局独自の判断によるものです。
※2　「日本語教育の参照枠」のA1～C2は、CEFRのA1～C2に準拠しています。

CEFR = Common European Framework of Reference for Languages（ヨーロッパ言語共通参照枠）

https://j-test.jp

J.TEST とは？

◆ J. TEST実用日本語検定は外国人の日本語能力を測定する試験として、1991年から実施されています。

◆ 外国人社員・実習生の能力評価、大学・大学院・専門学校等の出願条件などに利用されています。

◆ 国内外50都市以上で実施されています。海外では、中国（大陸）、台湾、韓国、モンゴル、ベトナム、タイ、ネパール、ミャンマー、バングラデシュ、フィリピン、ブラジル、インドネシア、ラオスで実施されています。

◆ 年６回実施される「公開試験」と、企業・団体がいつでも実施できる「随時試験」があります。

◆ 中国では、2007年から中国政府認定試験として実施されています。

J.TEST の特徴

 ３種類の試験、レベルとスコアで実力を測定

上級者向けの「A-Cレベル試験」、初級～中級者向けの「D-Eレベル試験」、入門者向けの「F-Gレベル試験」があります。「A-Cレベル試験」と「D-Eレベル試験」はビジネス関連の問題も出題されます。試験結果はスコアで評価されると同時に一定の点数に達した方にはレベルの認定を行っております。

 難易度は毎回一定で受験のチャンスが多い

「A-Cレベル試験」と「D-Eレベル試験」は年６回、「F-Gレベル試験」は年２回（海外は年６回）実施されています。毎回難易度が一定なので、何度も受けることによって日本語力の進歩が分かります。

③ 「記述式問題」があり、「実用的」かつ「実践的」な日本語力を測定

聴解試験の比重が高く、「生きた表現」が数多く出題されます。すべての試験において、読解問題と聴解問題の得点比率は各50％になります。また、漢字の読み方を書く問題や、短文作成など他の試験にはない「記述式問題」があるのも特徴です。（※F-Gレベル試験は、すべて選択式問題です）J. TESTは実践的な能力を評価します。

④ 入門レベル～日本語能力試験N1以上の日本語力まで測定可能

「A-Cレベル試験」は、日本語能力試験N1以上の高度なコミュニケーション能力を測定します。また「F-Gレベル試験」は日本語学習入門者向けの試験になっており、日本語学習へのモチベーション維持に役立ちます。

⑤ 認定証の発行（随時試験を除く）

一定の点数以上の方には「認定証」が発行されます。
また、受験者全員に成績表と参考資料が郵送されます。

⑥ 豊富なダウンロード素材

試験後、J. TESTホームページから聴解試験の音声や「正解とスクリプト」をダウンロードできます。
試験後の復習にご利用ください。
※音声データの公開は試験実施月末までです。

https://j-test.jp/8888-2

 WEBで成績検索ができる（随時試験を除く）

成績表発送日前日からJ. TESTホームページで成績検索をすることができます。

⑧ 無料のWEBテストで受験レベルを確認できる

J. TESTホームページで無料のWEBテストを公開しております。受験レベルの確認や試験勉強にご利用ください。

https://j-test.jp/kensaku2

https://j-test.jp/webtest

受験資格と出題内容と評価

受験資格　中学生以上で母語が日本語ではない方

＊国籍が日本でも母語が日本語でなければ受験できます。

A-Cレベル試験
1000点満点で点数によって能力を判定します。600点以上で基準を満たしている方には認定証が発行されます。

出題内容

●読解試験　80分	●聴解試験　約45分
Ⅰ　文法・語彙問題	Ⅰ　写真問題
Ⅱ　読解問題	Ⅱ　聴読解問題
Ⅲ　漢字問題	Ⅲ　応答問題
Ⅳ　記述問題	Ⅳ　会話・説明問題

点数と評価

●1000点満点（読解500点、聴解500点）

※基準：8分野のうち0点の分野があった場合にはレベル認定されません。

特A級	930点以上	様々な分野、場面において、専門的な話題も理解し対応できる高度なコミュニケーション能力がある。
A級	～900点	様々な分野、場面において、専門的な話題も理解でき、十分なコミュニケーション能力がある。（CEFR C2）
準A級	～850点	様々な分野、場面において、一般的な話題をほとんど理解でき、十分なコミュニケーション能力がある。
B級	～800点	一般的な分野、場面において、十分なコミュニケーション能力がある。
準B級	～700点	日常生活や職場において、十分なコミュニケーション能力がある。（CEFR C1）
C級	～600点	日常生活や職場において、基本的なコミュニケーション能力がある。（CEFR B2）

（600点未満は認定なし）
・日本語能力試験 N1＝700点（準B級）
・日本語能力試験 N2＝600点（ C級）
（日本語能力試験との比較は目安です）

D-Eレベル試験
700点満点で点数によって能力を判定します。350点以上で基準を満たしている方には認定証が発行されます。

出題内容

●読解試験　70分	●聴解試験　約35分
Ⅰ　文法・語彙問題	Ⅰ　写真問題
Ⅱ　読解問題	Ⅱ　聴読解問題
Ⅲ　漢字問題	Ⅲ　応答問題
Ⅳ　記述問題	Ⅳ　会話・説明問題

点数と評価

●700点満点（読解350点、聴解350点）

※基準：8分野のうち0点の分野があった場合にはレベル認定されません。

D級	500点以上	日常生活や職場の限られた場面において、ある程度のコミュニケーション能力がある。（CEFR B1）
E級	～350点	日常生活や職場の限られた場面において、初級レベルの日本語の範囲ならばコミュニケーションができる。（CEFR A2）

（350点未満は認定なし）
・日本語能力試験 N3＝500点～（D級）
・日本語能力試験 N4＝350点～（E級）
（日本語能力試験との比較は目安です）

F-Gレベル試験
350点満点で点数によって能力を判定します。180点以上で基準を満たしている方には認定証が発行されます。

出題内容

●読解試験　60分	●聴解試験　約25分
Ⅰ　文法・語彙問題	Ⅰ　写真問題
Ⅱ　読解問題	Ⅱ　聴読解問題
Ⅲ　漢字問題	Ⅲ　応答問題
Ⅳ　作文問題（選択式）	Ⅳ　会話・説明問題

点数と評価

●350点満点（読解175点、聴解175点）

※ 基準：8分野のうち0点の分野があった場合にはレベル認定されません。

F級	250点以上	初級レベル前期の日本語の範囲ならば、コミュニケーションができる。（CEFR A1）
G級	～180点	入門レベルの日本語の範囲ならば、コミュニケーションができる。

（180点未満は認定なし）
・日本語能力試験 N5＝250点～（F級）
（日本語能力試験との比較は目安です）

書籍のご案内

『J. TEST実用日本語検定問題集』は次のQRコードよりご購入いただけます。

日本語ブックス online

公開試験の実施レベル・実施月・実施都市

A-C レベル試験(上級) / **D-E レベル試験(初級～中級)**

- ■年6回(1・3・5・7・9・11月)実施都市 : 東京、千葉、横浜、名古屋、大阪、神戸、福岡
- ■年2回(5・11月)実施都市 : 札幌、仙台、埼玉、静岡、京都、広島、大分、沖縄
- ■年2回(1・9月)実施都市 : 茨城、栃木、群馬、石川、岐阜、三重、岡山、高松、熊本

F-G レベル試験(入門)　　*F-Gレベルの実施回数は、海外と異なります。

- ■年2回(5・11月)実施都市 : 東京、名古屋、大阪、福岡

実施要項・年間予定

https://j-test.jp/newjtest/schedule

J.TEST公開試験実施案内(国内)

https://j-test.jp/newjtest/next

公開試験お申込み手順

Step 1 受験料の振込

ATMや銀行の窓口で受験料を振り込んでください。
必ず振込明細書を受け取ってください。
(ネットバンクの場合はスクリーンショットを撮る。)

受験料:5,200円　(日本国内の中高生は 2,600円)

振込先
銀行名:三菱UFJ銀行　支店名:市ヶ谷　口座:普通 0189122
口座名:株式会社 語文研究社

* MUFG Bank, Ltd. ICHIGAYA Branch　* SWIFT code BOTKJPJT
* GOBUN KENKYUSYA Co.,Ltd.　* ACCOUNT NO. 014-0189122

Step 2 写真を撮る

※この3枚(中高生は4枚)の写真は step3 で使います。

- ★顔写真 ……… 一色の壁の前で胸から上の写真を撮る。
- ★身分証明書 … 在留カードやパスポートなど、顔写真のあるページを撮る。
- ★振込明細書 … 受験料振込の時に受け取った振込明細書の写真を撮る。
- ★学生証または在学証明書(中学生・高校生のみ)
 … 中高生の割引を利用する場合は学生証または在学証明書の写真を撮る。

Step 3 WEBで申込み

https://j-test.jp/application

ホームページにアクセス

★→<インターネットJ.TEST申し込みフォーム>よりお申し込みください。

★入力する内容★

英文名・漢字名(ある人のみ)・フリガナ・生年月日・
国籍/地域・電話番号・メールアドレス(QQ以外)
・試験会場・試験レベル
・受験票送り先(自宅or学校or会社)
・送り先住所・会社名/学校名・
振込日・振込金額・振込名義人

Step 4 受付完了メール

件名:J.TEST 申し込み (000123)
No.000123

受付完了のメールが届くと受付完了です。
もし届かない場合はメールアドレスが間違っているか、
迷惑メールボックスに入っている場合がありますので、
ご確認ください。(QQメールには届かないので注意してください。)

日本語検定協会／J.TEST事務局

〒136-0071　東京都江東区亀戸1-42-18　日高ビル8F

TEL: 03-5875-1481
MAIL : j-test@gobun-ken.jp

J. TEST 実用日本語検定　問題集[D-Eレベル]2022年

2023 年　6 月 30 日　初版発行
＜検印廃止＞

著　　者　日本語検定協会／J. TEST 事務局
発行者　秋田　点
発　行　株式会社語文研究社
〒136-0071　東京都江東区亀戸1丁目42-18　日高ビル8F
電話　03-5875-1231　　FAX　03-5875-1232

販　売　弘正堂図書販売株式会社
〒101-0051　東京都千代田区神田神保町 1-39
電話　03-3291-2351　　FAX　03-3291-2356

印　刷　株式会社大幸